江西财经大学会计学术文库

本书为国家自然科学基金（71262005）资助

U0600462

分析师跟进、影响因素与经济后果性

FINANCIAL ANALYST FOLLOWING,INFLUENCE
FACTORS AND CONOMIC CONSEQUENCES

周冬华 著

中国财经出版传媒集团

经济科学出版社
Economic Science Press

图书在版编目（CIP）数据

分析师跟进、影响因素与经济后果性/周冬华著．
—北京：经济科学出版社，2017.12
（江西财经大学会计学术文库）
ISBN 978 - 7 - 5141 - 8817 - 2

Ⅰ. ①分… Ⅱ. ①周… Ⅲ. ①上市公司 - 企业管理 -
研究 - 中国 Ⅳ. ①F279. 246

中国版本图书馆 CIP 数据核字（2017）第 312637 号

责任编辑：庞丽佳
责任校对：王苗苗
责任印制：邱 天

分析师跟进、影响因素与经济后果性

周冬华 著

经济科学出版社出版、发行 新华书店经销
社址：北京市海淀区阜成路甲 28 号 邮编：100142
总编部电话：010 - 88191217 发行部电话：010 - 88191522
网址：www. esp. com. cn
电子邮件：esp@ esp. com. cn
天猫网店：经济科学出版社旗舰店
网址：http://jjkxcbs. tmall. com
固安华明印业有限公司印装
710 × 1000 16 开 12.75 印张 230000 字
2017 年 12 月第 1 版 2017 年 12 月第 1 次印刷
ISBN 978 - 7 - 5141 - 8817 - 2 定价：48.00 元
（图书出现印装问题，本社负责调换。电话：010 - 88191510）
（版权所有 侵权必究 举报电话：010 - 88191586
电子邮箱：dbts@esp. com. cn）

前　　言

证券分析师作为资本市场上的中介机构，出具的研究报告代表了证券公司、证券投资咨询机构等中介机构对上市公司发展现状和投资前景的深度解读，能够向市场提供合理反映证券内在价值的信息，有效地缓解上市公司和投资者之间存在的信息不对称程度，从而降低上市公司的股权融资成本，提高资本市场效率（Beaver，2002；姜国华，2004；朱红军等，2007；储一昀和仓勇涛，2008；王瑞和洪剑峭，2009）。分析师的主要工作是进行盈余预测、股票评级。证券分析师是上市公司财务信息的使用者，为投资者更好地获取上市公司信息提供了帮助（李丹和贾宁，2009），证券分析师所提供的信息会影响投资者的投资决策。由于分析师的研究报告对资本市场参与者产生重要影响，因此吸引了学者的广泛关注，成为财务和会计研究中的一个重要领域。

本书从公司治理的角度研究了分析师跟进的决定因素，并研究了分析师跟进的经济后果性。具体而言，本书主要研究的内容包括：

（1）从横截面角度和时间角度研究分析了证券分析师在决定跟进某上市公司时，是否会受到公司治理质量及其变化的影响。研究发现，证券分析师偏好跟进公司治理质量高的上市公司，进一步划分为内部公司治理和外部公司治理后发现，相对于外部公司治理，证券分析师更偏好跟进内部公司治理质量高的上市公司。内部公司治理质量方面，信息披露质量越高、监督机制越完善的上市公司，证券分析师跟进的比例越高；而公司管理层的权力越大，公司内部和外部信息不对称程度越严重，证券分析师跟进的比例越低。

（2）研究作为外部公司治理机制的分析师跟进和法律环境对上市公司盈余管理行为的抑制作用。研究发现，分析师跟进与法律环境对于上市公司的正向盈余管理行为具有显著的抑制作用，但是对于上市公司的负向盈余管理的抑制作用并不显著。在上市公司所处地区的投资者保护法律环境较弱的情况下，分析师跟进发挥了更强的外部监督作用，表现为分析师跟进与上市公司正向盈余管理程度的负相关性更强。在控制了分析师跟进与盈余管理之间的内生性问题后，上述结论仍然成立，为从分析师跟进和法律环境两个维度理解上市公司外部治理机制对盈余管理的制约作用提供了实证证据。

（3）从"信息中介—审计风险—审计费用"这一链条研究了分析师跟进与审计费用之间的关系。研究结果发现，分析师跟进与审计费用显著负相关，明星分析师跟进更有利于降低审计费用。进一步研究发现，分析师跟进与审计费用之间的负相关关系取决于会计师事务所依赖分析师研究报告的程度，对于信息自给能力较强的会计师事务所而言，其依赖分析师研究报告的程度较低，分析师跟进与审计费用的负相关关系程度较低。

（4）研究了分析师跟进对上市公司避税程度的影响。研究发现，分析师是否跟进、跟进人数的数量与上市公司的避税程度呈显著正相关，明星分析师跟进使得上市公司的避税程度更为显著。当分析师不再跟进时，上市公司的避税程度显著降低。研究结果表明，分析师跟进并签发乐观性研究报告会给上市公司的盈余造成压力，从而诱使上市公司采取避税活动以达到分析师预测的盈余目标。这一研究结果揭示了分析师跟进的不利后果，有利于丰富分析师跟进的作用。

（5）分析师在对公司发布盈余预测的同时，还对一些公司发布了现金流预测。本书基于我国卖方分析师发布的研究报告数据，研究了分析师内在能力与额外其发布现金流预测的关系。研究结果表明，高能力的分析师更倾向于在发布盈余预测的同时发布现金流预测，目的是向外传递与自身能力有关的信号。因此，还未获得良好声誉的非明星分析师，能力越高与发布现金流预测的概率越大；研究还表明，对于机构投资者持股比例高的公司，高质量的分析师额外签发现金流预测报告的可能性越大。进一步的研究表明，分析师性别、学历、与获取私有信息的能力以及证券公司与上市公司的利益关联都会影响分析师能力与发布现金流预测的关系。

（6）系统考察了证券分析师预测经验和历史预测准确性对现金流预测准确性的影响。研究发现，分析师公司层面经验与现金流预测准确性显著正相关，这表明分析师跟踪特定上市公司年限越长，分析师能够掌握更多的私有信息，对获取该特定公司的私有信息更能有效处理，作出准确判断的可能性越高。其次，上年度现金流预测准确性与当期现金流预测准确性显著正相关，这说明分析师在进行现金流预测时会理性地根据自己的预测准确性记录来更新其现金流预测。

周冬华

2017 年 11 月

目　　录

第1章

分析师信息中介作用研究概述

1.1 研究背景和问题的提出

证券分析师作为资本市场上的中介机构，出具的研究报告代表了证券公司、证券投资咨询机构等中介机构对上市公司发展现状和投资前景的深度解读，能够向市场提供合理反映证券内在价值的信息，有效地缓解上市公司和投资者之间存在的信息不对称程度，从而降低上市公司的股权融资成本，提高资本市场效率（Beaver，2002；姜国华，2004；朱红军等，2007；储一昀和仓勇涛，2008；王瑞和洪剑峭，2009）。分析师的主要工作是进行盈余预测、股票评级。证券分析师是上市公司财务信息的使用者，为投资者更好地获取上市公司信息提供了帮助（李丹和贾宁，2009），证券分析师所提供的信息会影响投资者的投资决策。由于分析师的研究报告对资本市场参与者产生重要影响，因此吸引了学者的广泛关注，成为财务和会计研究中的一个重要领域。

作为资本市场的信息中介，分析师首先根据收集的信息以及职业判断选择跟进的公司，然后通过大量收集信息对跟进公司的基本面进行分析并提供未来业绩预测。然而，并不是资本市场中所有的上市公司都能够吸引分析师跟踪①，公司所受到的分析师跟踪的数目也有较大的差异，其中，2016年分析师跟踪上市公司的机构数量从1人到33家不等，上市公司被分析师跟进的数量存在较大的差异。所以，分析师跟进公司的动因无疑是一个值得深入研究的话题。

以往的研究还更多地探讨分析师跟进的外部治理机制角色，分析师作为外部监管者，其无时无刻的监督，对管理层起着间接的约束作用，分析师跟进与上市公司的盈余管理程度呈负相关关系，分析师跟进人数越多，对上市公司的外部监督效应越强，上市公司的盈余管理程度越低（Knyazeva，2007；Yu，2008；Chou，2010）。分析师通过收集、整理信息并出具相应的研究报告，有利于缓解上市公司与投资者之间的信息不对称程度（Jensen and Meckling，1976），评价公司在市场上的生存能力和投资空间，对公司管理层的行为发挥潜在的监督作用（Lang et al.，2004）。同时，分析师收集和整理调研过程获取的私有信息以及公开市场披露的相关信息，并与宏观层面和行业层面的相关信息比对，使其更能全面了解上市公司的经营状况，有效监督上市公司盈余管理行为。克尼亚泽夫（Knyazeva，2007）选择了机构投资者持股比例作为公司治理的替代变量，检验了分析师跟进的外部公司治理机制的替代作用，研究结果发现，相对于机构投资者持股比例高的上市公司，机构投资者持股比例低的上市公司分析师跟进人数与盈余管理程度更加显著负相关，因此，分析师跟进被认为是外部公司治理机制的替代变量。那么分析师作为一项外部治理机制，还会对上市公司层面产生怎样的影响呢？

---

① 根据Wind数据库的统计，2016年沪深两市A股市场共有3204家上市公司（含创业板），其中年度内被分析师跟踪的上市公司只有2332家，比例仅为72.78%，沪深两市中尚有872家上市公司在2016年度未有分析师跟进、出具盈余预测研究报告。

　　为了顺应资本市场的发展，分析师报告的类型也在不断丰富和完善。分析师报告中除了盈余预测和股票评级外，近些年针对某些公司分析师还同时发布了现金流预测。数据显示，美国市场上的分析师现金流预测数量呈逐年上升趋势，分析师同时发布盈余预测和现金流预测的数量占分析师预测数量的比例从 1993 年的 2.5% 上升到 2005 年的 57.2% （Givoly et al.，2009）。相比国外，我国自 2002 年开始出现少量的分析师现金流预测，之后逐年增加。在激烈的竞争环境下，分析师通过提供更丰富的信息来提高服务质量，并使得现金流预测成为分析师报告的重要组成部分（王会娟等，2012）。相对于企业报告的营业利润可能存在盈余管理行为，公司报告的经营活动现金流量被认为是可靠的，不可操控的，现金流信息在盈余之外提供了增量信息（Bowen et al.，1987；Ali，1994；Dechow，1994）。因此越来越多的投资者和其他财务报表的使用者将目光投向企业经营活动现金流量，并将其视为判断企业业绩好坏的重要标志。那么分析师是否会在公布盈余预测的同时额外公布现金流预测以传递自己是高质量的信号呢？廖明情（2012）研究发现，高质量的分析师会通过同时发布盈利预测和收入预测的报告方式传递自己是高质量的信号，以增加自己的市场影响力。与收入预测相比，现金流预测要求分析师投入更多的时间和精力深入公司调研，预测中也需要使用更精准的分析方法和手段，而低质量的分析师却很难做到这一点（周冬华和黄迎，2014）。因此，高质量的分析师可以通过额外签发现金流预测研究报告，向市场成功发送自身是高质量的信号。

　　此外，分析师丑闻不绝于耳，诸如《新财富》最佳分析师叶志刚代客理财被监管机构调查①、中国宝安的石墨烯事件②，银河证券发布的攀钢钒钛的

---

　　① 详见：真相追踪：海通证券分析师叶志刚正在接受调查，和讯网，http://stock.hexun.com/2009 - 08 - 06/120308912.html.
　　② 详见：宝安石墨门：券商研报利益链调查，网易财经，http://money.163.com/special/basmm/.

天价乌龙报告①，以及中国不信任分析师榜单②等事件常见诸报端，致使不少投资者对分析师的职业道德和职业能力持怀疑和审慎的态度。然而由于信息不对称的存在，分析师报告的质量高低难以直接被投资者完全了解。为了减少投资者逆向选择的影响，高质量分析师会试图通过信号传递的方式来向投资者表明其研究报告具有更高的价值。因此，高质量的分析师如何在"鱼目混珠"的分析师市场中传递自身是高质量的信号值得探究。同时，分析师现金流预测的准确性如何呢？哪些因素影响了分析现金流预测的准确性呢？

　　分析师预测通常具有乐观性，其对盈利的预测值显著高于公司最终实际盈余（De Bondt and Thaler，1990），实务届称此为分析师托市行为。托市行为最早由鲁德（Ruud，1993）在解释美国资本市场新股上市首日交易价格高于其发行价格，即"IPO抑价"现象时提出的。随着资本市场监管体系的不断健全完善，传统的直接托市方式往往遭受严格的市场监管（Michaely and Womack，1999；Aggarwal，2000），而利用证券分析师出具过于乐观的分析师报告为其承销的新股间接提供价格支持便成为间接托市方式之一（Bradley et al.，2003；James and Karceski，2006，潘越等，2011）。分析师签发的盈余预测表现出的乐观性（周冬华和赵玉洁，2016），使得其对盈利的预测值通常显著高于公司最终实际盈余（De Bondt and Thaler，1990）。这意味着分析师的盈余预测高估了公司的实际盈余能力，使得管理层通过正常的生产经营活动很难达到分析师发布的盈余预测数值，分析师的跟进行为给管理层带来了业绩压力。那么针对分析师的乐观性偏差行为，上市公司会采取怎样的行动加以回应呢？

---

① 详见：上半年9家券商发布乌龙研报专家质疑"黑色利益链"，和讯网，http：//stock. hexun. com/2011－07－21/131625097. html.

② 详见：中国不信任分析师排行榜：十大误判分析师，搜狐网，http：//roll. sohu. com/20110704/n312305484. shtml.

基于此，本书致力于研究及拓宽分析师跟进的影响因素、分析师跟进的公司治理作用、分析师额外签发现金流预测报告和分析师托市行为研究领域的文献，具体包括以下内容：

（1）分析师跟进公司的动机。在资本市场中，并不是所有的上市公司都能够吸引分析师跟踪，那么分析师偏好跟进怎样的公司呢？公司治理质量更高的公司是否更能得到分析师的青睐？基于时间角度，公司治理质量的变化是否能与分析师跟进变化呈显著正相关？其他一些具体的公司治理指标是否也能影响分析师跟进人数？

（2）分析师跟进对上市公司盈余管理的影响。诸多文献研究了分析师跟进对上市公司盈余质量的影响，那么针对正向盈余管理和负向盈余管理，分析师跟进都能对其产生抑制作用吗？另外，基于时间角度，分析师跟进人数的变化对上市公司盈余管理程度的变化会产生怎样的影响？

（3）分析师跟进对企业审计费用的影响。有关分析师跟进与审计费用的文献可谓凤毛麟角，那么，作为资本市场的信息中介，分析师跟进是否能有效地降低审计风险，继而降低审计费用？与非明星分析师跟进相比，明星分析师跟进与审计费用的相关性会不会有所不同？最后，与信息自给能力不足的事务所相比，信息自给能力较强的事务所能够削弱分析师跟进与审计费用的相关性是否会有所不同呢？

（4）分析师跟进对企业避税程度的影响。分析师跟进并签发乐观的盈余预测报告给企业设定了盈余目标，而这盈余目标无形中给企业造成了盈余标杆，上市公司纷纷借助盈余管理手段"优化"财务报表信息，甚至采用避税活动进行盈余管理来达到或超过分析师盈余预测目标的行为也屡见不鲜，那么分析师跟进到底会不会提高企业避税程度呢？明星分析师是否会使上市公司更倾向于采取避税行为呢？

（5）分析师额外签发现金流预测报告的动机。现金流预测作为盈余预测之外的研究报告，其预测过程更加复杂。分析师是否可以通过额外签发现金流预测报告向市场投资者传递其能力更强的信号？额外签发现金流预测行为是否能够有效发挥信号传递作用？明星分析师和跟进机构投资者持股比例更高的公司的分析师，是否更倾向于通过额外签发现金流预测的方式向市场传递信号，导致这两类分析师签发现金流预测报告的概率更高呢？

（6）分析师预测经验及历史预测准确性对其预测准确性的影响。在激烈的竞争环境下，分析师通过提供更丰富的信息来提高服务质量，并使得现金流预测成为分析师报告的重要组成部分。那么，分析师现金流预测的准确性如何呢？分析师预测经验及历史预测准确性是否会影响分析现金流预测的准确性呢？

通过对以上六个子问题的研究，本书希望能够检验我国资本市场上证券分析师跟进公司的动因，拓宽分析师跟进的公司治理作用研究，其在盈余预测的同时额外签发现金流预测报告的成因，影响分析师现金流预测准确性的因素和分析师乐观性偏差的影响，据此提出相应的监管对策和政策建议。本书的研究不仅能拓展分析师跟进的影响因素和经济后果领域的相关理论和实证研究，也能拓宽证券分析师预测行为领域的研究，同时为监管机构和投资者解读证券分析师研究报告提供另一视角的理论依据，从而更好地帮助他们认识证券分析师签发的研究报告，做出更优的投资决策。本书具有较强的理论意义和现实应用价值。

1.2　研究意义

基于中国新兴加转轨的制度背景，本书探讨了分析师跟进的动因和公司层面的经济后果，同时从信号传递理论的视角研究了分析师发布盈余预测的同时额外签发现金预测报告的行为，具有较强的理论意义和实践价值。

在理论方面，本书具有如下意义：（1）与以往文献关注分析师盈余预测的准确性不同，本书探讨了公司治理质量对分析师跟进的影响，丰富和扩充了分析师跟进的文献。（2）本书研究了分析师跟进对公司盈余管理和审计费用的影响，这有利于丰富分析师跟进发挥外部公司治理作用的相关文献。（3）本书基于分析师乐观性偏差行为，研究了分析师跟进对企业避税程度的影响，这有利于丰富分析师托市行为对上市公司财务决策影响的相关文献，相关研究成果为投资者理解证券分析师行为模式提供了参考依据。（4）本书基于信号传递理论的视角研究了分析师额外签发现金流预测报告的动机，丰富和拓展了现有证券分析师决策过程的文献。（5）本书研究了分析师预测经验对其现金流预测准确性的影响，并进一步探讨了分析师预测经验及历史预测准确性如何影响其预测准确性，这有利于丰富分析师预测行为的相关文献。

在实践方面，本书具有如下价值：（1）本书的研究结论对投资者有一定的启示作用。投资者通过简单地观测分析师是否额外签发现金流预测报告来甄别分析师质量，以及对比分析师跟进人数来考量上市公司的行为特征，这有助于其更好地利用分析师跟进人数及其数量制定投资决策。（2）本书的研究结论对分析师有一定的启示作用。在中国目前"鱼目混珠"的分析师市场，额外签发现金流预测报告能够有效地传递自己高能力的信号，这有利于分析师更好地建立和维护其声誉。

1.3　国内外研究现状及分析

由于本书涉及分析师跟进的影响因素，分析师跟进作为信息中介导致的公司层面的经济后果以及分析师发布盈余预测同时额外签发现金流预测报告的动机和经济后果，因此，我们对现有文献按照以下四个方面进行梳理：一是分析师跟进的影响因素；二是分析师跟进的公司治理作用；三是分析师跟进额外签发现金流预测报告的动机和经济后果；四是分析师跟进的经济后果性。

1.3.1 分析师跟进的影响因素

目前国内文献对分析师的研究主要集中在分析师预测和评级行为的经济后果性，如分析师盈余预测的准确性（石桂峰等，2007；方军雄，2007），分析师盈余预测偏差和托市行为（原红旗和黄倩茹，2007；潘越等，2011）。国内文献对分析师跟进的影响因素的文献还较少，国外关于分析师跟进的文献较为丰富，但其研究结论也存在诸多分歧，例如布尚（Bhushan，1989）发现分析师跟进与机构持股比例和盈利波动率正相关，而洛克等（Rock et al.，2000）运用计数计量方法得出了与布尚（1989）完全相反的结论，即机构持股比例或是盈利波动率越大，分析师跟进数量越少。分析师跟进在资本市场中扮演着重要的角色，作为影响企业和市场重要的第三方，分析师的关注和分析往往受到外部和自身因素的影响。通常来讲，分析师跟进受到股票价格、公开披露的信息、盈余管理程度、公司治理、市场投资者需求、公司未来业绩、公司透明度和企业规模等因素的影响。

布伦南和修斯（Brennan and Hughes，1991）以及安琪（Angel，1997）的研究首次发现了企业股价水平与财务信息中介的关系，他们发现企业低股价能有效刺激分析师的关注，进而促进其股价的提高。

具有良好公司治理机制的上市公司信息透明度越高，能够向外界传递公司私有信息，有效降低内部和外部人之间的信息不对称和代理成本，吸引更多分析师跟进并出具盈余预测研究报告。朗和伦德霍尔姆（Lang and Lumdholm，1996）研究则发现，公司公开披露的信息对于证券分析师而言是最重要的信息来源之一，上市公司公开披露的信息越多，分析师跟进并出具盈余预测报告的人数越多。公司治理越高的上市公司其信息披露越准确和越可信，能够有效降低公司未来业绩的不确定性，有利于吸引证券分析师的跟进；玉（Yu，2008）研究也发现，证券分析师的跟进与上市公司盈余管理程度成反比例，证券分析师偏好跟进信息披露较好的上市公司。

公司治理质量越高的上市公司会披露更多的有用信息给证券分析师，有利于减少证券分析师调研、搜集信息的成本，导致更多的分析师跟进并出具盈余预测报告。公司披露董事会的独立性和有效性，特别是审计委员会的有效性能够帮助分析师评价上市公司披露信息的可靠性（Peasnell et al.，2005）。范和王（Fan and Wong，2002）认为，如果上市公司实行了有效的公司治理机制，那么他们将披露更多高质量的信息，这将降低分析师跟进调研的成本，会吸引更多分析师的跟进；其次，有效的公司治理机制能够更好地监督公司管理层，致使公司的管理层和所有权人的利益趋于一致，降低经营权和所有权分离代理成本（Mouselli et al.，2012）。

证券分析师的跟进同样会受到市场投资者需求的影响（Lang and Lund-holm 1996；Barth et al.，2001；Barniv et al.，2005）。公司治理质量被视为未来盈利能力的指标之一（Gompers et al.，2003；Klapper and Love，2004；Durnev and Kim，2005；Brown and Caylor，2006）。当上市公司治理质量越高时，表明上市公司未来的盈利能力值得肯定，投资者对此类公司比较关注，因此，证券分析师会更愿意对此跟进并出具盈余预测研究报告。麦克尼科尔斯和奥布莱恩（McNichols and O'Brien，1997）认为，分析师会根据公司未来业绩来决定是否跟进上市公司，他们更倾向于跟进那些公司治理良好的上市公司。卡拉帕和乐福（Klapper and Love，2004），杜尔涅夫和金（Durnev and Kim，2005）认为，良好的公司治理有利于提高公司业绩，减少业绩的波动性，能够吸引到更多的分析师跟进。

纵观国内相关文献，林小池等（2007）首次研究了分析师跟进的决定因素，研究发现，经营质量状况和公司治理特征对分析师是否跟进具有显著地影响，经营质量较好、经营风险较低以及治理结构较好的上市公司更容易吸引海外分析师的跟进。李丹蒙（2007）研究发现公司透明度对分析师预测人数有显著正的影响，且对于透明度和披露程度较高的公司，分析师的盈利预测误差明显较低。王宇超等（2012）研究发现，分析师倾向于跟进那些规模较大、交易额较高、机构持股较多且投资者关系较好的公司，而规避那些投资风险较大、内部持股比例和业务复杂程度较高的公司。

1.3.2　分析师跟进的公司治理作用

分析师跟进在资本市场上扮演了公司治理的角色，分析师跟进人数越多，对上市公司的监督效应越强（Knyazeva，2007；Yu，2008；Chou，2010；Dyck et al.，2010）。一般而言，分析师具有良好的会计与财务知识，对行业的背景有较深地了解，分析师的跟进有利于经理层的经营行为的披露，使他们暴露于市场监管中（Bowen et al.，2002；Kimbrough，2005）。虽然分析师跟进无法直接影响企业的经营活动，但由于分析师的专业财务背景知识，比外部的非财务独立董事更能有效地监督上市公司的经理层。基于分析师跟进的外部治理角色，分析师跟进与上市公司的盈余管理程度呈负相关关系，分析师跟进人数越多，对上市公司的外部监督效应越强，上市公司的盈余管理程度越低（Knyazeva，2007；Yu，2008；Chou，2010）。分析师通过收集、整理信息并出具相应的研究报告，有利于缓解上市公司与投资者之间的信息不对称程度（Jensen and Meckling，1976），评价公司在市场上的生存能力和投资空间，对公司管理层的行为发挥潜在的监督作用（Lang et al.，2004），为投资者提供了更多有用的信息，进一步优化企业的资源配置，促进企业资源使用效率的提高（Frankel and Li，2004）。同时，分析师收集和整理调研过程获取的私有信息以及公开市场披露的相关信息，并与宏观层面和行业层面的相关信息比对，使其更能全面了解上市公司的经营状况，有效监督上市公司盈余管理行为。阿米尔等（Amir et al.，1999）研究发现，证券分析师提供的信息有增量贡献，并且在财务报告信息含量缺乏的高科技行业能够发挥更为明显的作用。同时期的徐欣和唐清泉（2011）也通过实证研究表明分析师有能力对研发投入的信息进行辨别，进而成为一种促进市场资本合理配置的代替机制。克尼亚泽夫（2007）选择了机构投资者持股比例作为公司治理的替代变量，检验了分析师跟进的外部公司治理机制的替代作用，研究结果发现，相对于机构投资者持股比例高的上市公司，机构投资者持股比例低的上市公司分析师跟进人数与盈余管理程度更加显著负相关，因此，分析师跟进被认为是外部公司治理机制的替代变量。

另一方面，分析师跟进行为被视为上市公司管理行为的放大镜（Knyazeva，2007）。分析师的中介作用有利于提高上市公司的信息传递速度和广度，致使信息搜集能力较差的股东能够及时获取上市公司信息，及时监督上市公司管理层的盈余管理行为，因此，分析师跟进人数越多，上市公司经营状况信息传播的速度越快，范围越快，上市公司盈余管理行为受到监督的可能性越大，上市公司盈余管理程度越低。潘越等（2011）亦认为，分析师关注度越高的上市公司，在多重交织的信息渠道网络覆盖下，其真实面貌越会被更全面、多角度地揭示和解读，上市公司操纵盈余管理的可能性较低。

1.3.3　分析师跟进额外签发现金流预测报告的动机和经济后果

（1）分析师额外签发现金流预测报告的成因。

目前，国内外文献对分析师的研究主要集中于分析师盈余预测和股票评级方面，具体包括分析师盈余预测和股票评级的信息含量及是否具有长期效应（Sundaresh et al.，2008；王宇熹等，2010）、预测行为有效性（岳衡和林小驰，2008；郭杰和洪洁瑛，2009）、预测准确性的影响因素等（原红旗和黄倩茹，2007；方军雄，2007；白晓宇，2009；张然等，2012）。但诸多的文献发现，由于客观或主观层面的原因，比如，①分析师与公司管理层保持良好的关系（Richardson et al.，2004；Ke and Yu，2006）；②上市公司与证券公司之间的利益关联（原红旗和黄倩茹，2007；潘越等，2011）；③分析师自身的认知偏差（Nutt et al.，1999；Cen et al.，2012；伍燕然等，2012），分析师盈余预测过程中存在一定程度的偏差，因此，虽然证券分析师发布的盈余预测报告具有一定信息含量，但在应对复杂会计信息时仍有不足（季侃和仝自强，2012）。

近年来，越来越多的分析师在发布盈余预测的同时发布现金流预测，分析师现金流预测引起了学者们的广泛关注。德丰和洪（DeFond and Hung，2003）从公司盈余、经营和财务状况角度探讨分析师发布现金流预测的原因。研究结果表明，当上市公司的应计项目较大和陷入财务危机时，分析师在发布盈余预测的同时更倾向于额外发布现金流预测报告，以满足投资者对现金流信息的需求。随后，德丰和洪（DeFond and Hung，2007）检验了不同国家的分析师发布现金流预测的倾向，发现投资者保护较弱和盈余质量较差国家的分析师发布了更多的现金流预测。这些结果表明，当盈余预测信息并不能很好地估计未来现金流项目时，分析师往往更倾向于提供现金流预测信息。然而，公司的特征并不足以解释为什么针对同样的上市公司，部分分析师发布了现金流预测，而部分分析师并未发布现金流预测。随后，分析师个体特征，如分析师预测的经验，证券公司规模，分析师跟进上市公司家数和行业数等都会影响到分析师是否提供现金流预测（Ertimur and Stubben，2005；Pae et al.，2007）。王会娟等（2012）研究发现，分析师倾向于对应计项目占比越大、盈余波动性越强、资本密集度越高的公司发布现金流预测，以满足投资者对这类公司现金流信息的需求，同时结合我国独特的股权制度背景，发现公司为非国有控股时，分析师更可能发布现金流预测。

而随着中国分析师的丑闻等消息常见诸报端，投资者对分析师的职业道德和职业能力持怀疑和谨慎的态度。再加上我国信息不对称程度较严重，分析师报告的质量高低难以直接被投资者完全了解。为了减少投资者逆向选择的影响，高质量的证券分析师会愿意通过信号传递的方式来向投资者表明自己的分析师报告具有较高的可信度。而分析师预测内容的多少某种程度上昭示了分析师产生有价值信息能力的大小，分析师发布研究报告中包含的预测内容越多，意味着签发研究报告中的公司价值相关信息含量越大（黄永安，2014）。廖明情（2012）从收入预测的角度研究了分析师额外报告的信号作用，研究发现，额外报告收入预测的分析师预测，其盈利预测的准确性更高，并且市场对其盈利修改的反应更大。

（2）分析师预测行为与盈余质量。

如上文1.3.2节所述，分析师在资本市场上扮演了公司治理的角色，分析师的预测行为与上市公司的盈余管理程度呈负相关关系，分析师的跟踪人数越多，对上市公司的外部监督效应越强，上市公司的盈余管理程度越低（Knyazeva，2007；Yu，2008；Chou，2010）。分析师收集和整理调研过程获取的私有信息以及公开市场披露的相关信息，并与宏观层面和行业层面的相关信息比对，使其更能全面了解上市公司的经营状况，有效监督上市公司盈余管理行为。

但另一方面，分析师的预测表现由其进行分析预测时能够获取信息的数量和质量决定（李丹和贾宁，2009），这些信息通常包括企业公开披露的信息和从管理层直接获得的私有信息（胡奕明等，2005）。直接反映公司经营状况的财务报表信息作为公开信息的组成之一，其获取成本相对较低，因而成为分析师盈余预测的主要参考依据。因此财务报表的质量，尤其是盈余质量的高低，在很大程度上影响着分析师的预测表现（Bushman et al.，2005）。分析师倾向于选择盈余管理程度较低的上市公司，因为这些公司的信息披露质量较高。

因此，分析师跟进与盈余质量之间可能存在互为因果的关系，一方面分析师偏好跟进盈余管理程度较低的上市公司，另一方面，分析师跟进能有效发挥外部监管的作用，降低上市公司的盈余管理程度。赵玉洁（2013）在控制了内生性问题后，研究发现，分析师跟进对于上市公司的正向盈余管理行为具有显著的抑制作用，但是对于上市公司的负向盈余管理的抑制作用并不显著。

相对于企业报告的营业利润存在着盈余管理行为，公司报告的经营活动现金流量被认为是可靠的，不可操控的，因此投资者、分析师和其他财务报表的使用者逐渐将目光投向企业经营活动现金流量，并将其视为判断企业业绩好坏的重要标志。越来越多的研究表明，分析师签发现金流量预测报告和企业管理层预披露公司的现金流量的比例显著提高（Wasley and Wu，2006；Call，2008），这种对于现金流关注增加的现象隐含了一个基本假设条件是：企业报告的经营现金流是可靠的，不可操纵的（张然，2007）。

分析师的现金流预测有助于约束盈余管理行为（Wasley and Wu，2006），根据分析师发布的盈余预测和现金流预测，投资者可以得到应计项目的预测值。如同分析师盈余预测值成为管理层盈余管理的目标阈值一样，应计项目预测值的存在也可能会限制管理层通过应计项目进行盈余操纵的空间。麦金尼斯和柯林斯（McInnis and Collins，2011）则认为，现金流预测增加了盈余管理的透明度，因为现金流预测使得市场可以将未预期的盈余分解为现金流部分和应计部分。他们发现，相对于没有现金流预测的公司而言，有现金流预测的公司利润操纵的可能性更小，从而导致其更高的盈余质量。而袁振超和张路（2013）则从分析师的报告方式研究了同时发布盈余预测和现金流预测的分析师跟进与盈余质量之间的关系，他们认为，根据盈余、应计项目与现金流之间的勾稽关系，可以通过分析师的盈余预测和现金流预测估计出预测的应计项目，进而提高了应计项目的信息透明度。因此，分析师发布现金流预测在某种程度上使得应计项目信息"阳光化"，有利于抑制管理层通过应计项目进行盈余管理活动，提高应计质量。

（3）分析师预测行为的市场反应。

由于我国资本市场中上市公司信息披露水平和质量相对较低，上市公司公开信息披露内容不完善、披露不及时、真实性程度低，分析师更多地依赖于其调研过程中获取的私有信息（胡奕明等，2005），国内分析师不得不更多地依靠私人信息来对公司盈余进行预测（郭杰和洪洁瑛，2009），因此分析师预测行为中可能含有公司的特有信息，预测报告具有相应的信息含量。目前文献中主要有两种方法来度量股价中公司特质信息含量。

一是采用累积超额收益率来反映公司特质信息含量的程度，分析师预测行为所包含公司特质信息含量越高，市场的反应越大。吉弗里和拉克尼肖克（Givoly and Lakonishok，1979）首次对分析师盈余预测更新的信息含量进行了研究。研究发现，在盈余预测更新发布前后的 4 个月内，相应股票都具有显著的超常收益率。更进一步地，对于盈余预测上调幅度超过 5% 的股票，盈余预测更新所在月份之后 2 个月内的股票平均超额收益率达到了 2.7%，即使考虑到交易成本，仍然能给投资者带来利润。阿卜杜尔·哈里克和埃辛卡亚（Abdel-khalik and Ajinkya，1982）研究发现，即使是股票盈余预测更新的二次发布仍然具有信息含量，但是只有信息的一次发布可以用来设计能盈利的交易策略。斯蒂克尔（Stickel，1991）研究发现，盈余预测更新程度的大小对信息发布后长达半年的股票超额收益率都有影响，并且市场对一名分析师更新盈余预测的期望值倾向于停留在该分析师前次预测的水平上，而没有充分吸收在此期间其他分析师的预测所提供的信息。弗朗西斯和索芬（Francis and Soffen，1997）则首次将股票推荐评级和盈余预测更新两种信号作为共同的研究对象，研究它们彼此所提供的增量信息。实证结果显示，盈余预测与股票评级的信息没有相互包含，在控制了彼此后，另外一个因素的系数仍然显著。本杰明等（Benjamin et al.，2003）研究发现，相对于分析师跟进少的上市公司，较多分析师跟进的上市公司，其股价能更及时的反映未来盈余信息，从而有效揭示了分析师跟踪活动能够提高股价信息传播效率。克里斯蒂等（Cristi et al.，2003）研究发现，分析师跟踪人数多的公司，其股价调整的速度更快，且对新增信息的吸收更完备。国内学者廖明情（2012）对分析师同时签发盈余预测和收入预测的动机和后果进行了分析，研究发现，报告收入预测的分析师预测，其盈利预测的准确性更高，并且市场对其盈利修改的反应更大。黄永安（2004）研究发现，从发布股票推荐日开始的连续三个交易日中，拥有更多预测内容的分析师荐股修正获得了更强的股票市场反应。这表明我国上市公司分析师的预测行为具有一定的信息含量，分析师预测行为中包含了上市公司特质的私有信息。

　　二是采用股价同步性来反映公司特质信息含量的程度。一般而言，分析师预测行为中包含的上市公司特质信息越多，该股票跟随市场同涨同跌的程度越低，股价同步性越低（Morck et al.，2000；Durnev et al.，2003；Li and Myers，2006；Hutton et al.，2009），舒特和云吕（Schutte and Unlu，2009）利用1984~2006年证券分析师首次跟踪的公司样本数据，检验了证券分析师在股价波动过程中能否减少噪音交易。研究发现分析师跟踪以后的年度，公司的噪音交易显著减少，表明了分析师跟踪能够提高公司股价的信息含量。但亦有文献发现，分析师的预测行为并不能提供更多的公司特质信息含量，如皮奥特洛斯基和罗尔斯东（Piotroski and Roulstone，2004）研究结果表明，分析师跟踪与公司股价同步性呈正相关关系，分析师的研究活动主要反映了行业信息及市场信息，更多的情况下，他们只是充当了"传输管"的角色，即传送行业内的信息，从而引起了公司股价同步波动现象。同样的，陈和哈米德（Chan and Hameed，2006）则检验了新兴资本市场上分析师跟踪与股价同步性之间的关系。与分析师提供了公司的特质信息的传统观点不同，他们发现更多的分析师跟踪引起了公司股价同步性的增加。而且当公司盈余预测分散度较高时，分析师跟踪对股价的影响会减少。由此证实了证券分析师主要向投资者提供了市场信息。

中国证券市场具有新兴加转轨的典型特征，个人投资者不仅缺少专业知识和投资经验，而且处于信息弱势地位（冯旭南和李心愉，2011）。因此，证券分析师作为上市公司与投资者之间的重要中介，可以利用其在信息搜集、加工和处理方面的专业优势，挖掘上市公司背后的信息，分析师研究报告含有更多的公司特质信息，从而使股价变动的同步性下降（朱红军等，2007）。然而，莫克等（Morck et al.，2003）的研究表明，投资者保护机制的不完善降低了信息拥有者进行套利的积极性，从而使分析师更关注宏观信息而非公司特质信息，因而个股走势与市场走势比较趋同，证券分析师跟进与股价波动同步性正相关（冯旭南和李心愉，2011）。

1.3.4　分析师跟进的经济后果性

（1）证券分析师托市行为对投资者投资决策的影响。

方军雄（2007）研究发现证券分析师的预测准确性总体而言显著优于随机游走模型，初步说明了证券分析师的研究报告具有一定的参考价值。证券分析师发布的研究报告具有较高的参考价值，会成为众多投资者尤其是中小投资者的决策依据（潘越等，2011）。因此，证券分析师研究报告通常能够影响股价走势。一般来说，评级结果或盈利预测越好，股票的超常收益率

（AR）越高（Chen，2004；朱红军等，2007；Agrawal and Chen，2008）。巴伯等（Barber et al.，2001）的研究亦发现根据分析师一致推荐评级每日调整投资组合，买入（卖出）最高（低）评级的股票，可以获得4.13%（4.91%）的年超额收益率。布拉夫和莱汉维（Brav and Lehavy，2003）研究发现，证券分析师的目标价格有显著的信息含量，说明分析师的目标价格提供了股票评级和盈余预测之外的增量信息。弗朗西斯和索弗（Francis and Soffer，1997）则首次将股票推荐评级和盈余预测更新两种信号作为共同研究对象，研究发现，证券分析师研究报告具有一定的信息含量，股票评级和盈余预测研究报告都具有增量信息含量。

姜国华（2004）研究发现，证券分析师对上市公司会计收益预测的质量较差，主要表现为收益预测误差较大，预测之间的一致性较低；但吴东辉和薛祖云（2005）按预测盈利相对于公司去年同期盈利的增长率将样本公司分为10组，买入增长率最高组股票并卖空增长率最低组股票的套头交易策略具有获利能力，套头交易的回报率不仅在统计意义上显著大于0，而且在经济意义上也是显著的，表明证券分析师的研究报告具有一定的市场反应。肖峻和王宇熹（2006）的研究也发现，证券分析师买入和卖出评级调整的股票在评级发布前后均有同向的超额收益率。朱红军等（2007）通过研究证券分析师与股价同步性、股价信息含量的关系，从整体上考察了我国证券分析师对资本市场效率的影响。实证结果发现，总体而言，证券分析师的信息搜集活动能够提高股票价格的信息含量，使其包含更多公司基本面的信息，降低股价的同步性，从而增强价格对资源配置的引导作用，提高资本市场的运行效率。王振山和姚秋（2008；2009）研究后都发现，投资于分析师关注度高的股票、卖出（在条件允许时可卖空）分析师关注度低的股票，可以获得相对较高的收益；但黄静和董秀良（2006）的研究则发现，证券分析师的投资建议无论是在短期还是中长期均不能产生显著的超额收益，业绩预测误差是导致投资评级失误的原因之一，而业绩预测误差主要源于分析师对公司层面信息的错误判断。

上述文献表明了资本市场上证券分析师的研究报告的信息含量并不具有一致性，其原因可能在于文献并未区别对待证券分析师的研究报告，将托市行为和非托市行为的研究报告等同对待。但事实上，证券分析师发布的研究报告的质量良莠不齐，部分分析师会利用研究报告为表现不佳的上市公司股票托市，而投资者也可能能够识别证券分析师的托市行为。如曹胜和朱红军（2011）研究发现，证券分析师总体上对所属券商已重仓持有的股票会更加乐观，且乐观性体现在投资评级上；进一步的市场反应检验中，投资者短期未能识别此类分析师乐观性，然而长期非独立分析师的"买入"评级会带来更差的超额报酬，结果说明自营证券引起的分析师独立性问题一定程度上误导了市场定价。因此分析师出具的托市行为研究报告和非托市行为研究报告的信息含量并不一致，这可能是造成文献结论不一致的原因。

除了证券分析师出具的不同研究报告信息含量不一致，文献中还发现，不同证券分析师出具的研究报告的信息含量亦不一致，如米哈伊尔等（Mikhail et al.，2004）研究了不同证券分析师的股票推荐能力是否具有持续性的问题。研究结果发现，不同分析师所推荐的股票买入并持有的收益率（BHR，buy and hold returns）存在显著差别，表明了不同证券分析师的股票选择能力存在一定的差异。李雪（2007）对不同研究机构的证券分析师研究报告市场反应进行研究发现，不同研究机构的影响力在短时期内有显著差异，但在长时间段内差异不显著。于静等（2008）研究发现，最佳分析师所推荐的股票在推荐后1个月和3个月具有正的超额收益，并且推荐前没有超额收益，表明最佳证券分析师兼具择时和择股的能力。

以上有关证券分析师托市行为对投资者投资策略的文献基本上都是研究证券分析师研究报告的信息含量，近期文献逐渐地对不同机构、不同类型的分析师的研究报告进行区别对待，但鲜有文献从投资者的角度研究分析证券分析师托市行为的市场反应，而这正是本书的着眼点所在。我们认为，投资者能否识别证券分析师托市行为是其影响投资者决策的关键所在。

（2）证券分析师托市行为对上市公司融资决策的影响。

文献中更多地从证券分析师的信息中介作用研究了证券分析师与公司融资决策之间的关系。洛克伦和舒尔茨（Loughran and Schultz，2006）则认为，公司的股权再融资与存在于公司内部所有者及外部投资者之间的信息不对称程度有关。一方面，证券分析师广泛的收集各种复杂信息并对其进行加工，以简单易懂的形式提供给大量的非专业投资者。另一方面，证券分析师在与上市公司高管层的接触及实地调研过程中掌握了很多外部投资者所无法企及的信息并将其提供给处于信息弱势的外部投资者，从而增大了投资者认知的广度和深度，缓解了上市公司与投资者之间的信息不对称程度（Xin et al.，2006），有利于降低股权再融资成本。巴里和布朗（Barry and Brown，1984）、汉达和林（Handa and Linn，1993）等学者从理论上证明了投资者会对分析师跟进少的公司的股票赋予更高的风险水平，从而对这类股票需求更小、出价更低、要求更高的投资回报，使得公司的股权再融资成本更高。伊斯利等（Easley et al.，1998）研究发现，证券分析师出具研究报告有利于公司吸引非知情交易者，增加其股票的流动性。投资者较热衷于交易信息含量高或者自己熟悉的公司股票，由此，对于那些较多证券分析师跟踪的上市公司而言，证券分析师通过发布研究报告最终影响了股票流动性，由此降低了公司股权再融资成本。鲍恩等（Bowen et al.，2008）亦认为，分析师跟踪能够降低信息不对称程度，被分析师跟踪越多的上市公司其增发配股的抑价程度越低，股权再融资成本越低。张等（Chang et al.，2006）研究则发现，被更多分析师跟踪的公司，很少依赖市场时机进行权益融资，并且公司很少举债或者进行巨额的权益融资，而取以代之的是较频繁的小额权益融资。

　　薛冠甲和李心丹等（2008）研究发现，一方面，证券分析师通过发布盈余预测和股票评价为证券市场提供服务，分析师跟进越多，针对上市公司的研究报告越多，社会公众获取信息渠道也就越多，上市公司与证券市场的信息不对称程度越小，上市公司股票流动性越好。另一方面，机构投资者往往愿意为证券分析师提供更高的报酬，在这种情况下，证券分析师可能会向机构投资者提供更多的私有信息，私有信息的增加会导致订单流所包含的信息增加，不知情交易者通过观察订单流所包含的信息丰富其决策的信息，最终公众信息的增加导致了股票流动性的增加，降低了股权再融资成本。有利于降低公司对股票收益率存在正向影响，即分析师具有超出普通投资者的专业能力；汪宜霞、张辉（2009）则从 IPO 溢价的角度研究了分析师与公司股权融资成本之间的关系，结果发现，分析师预测的乐观极限越高，IPO 溢价程度越高，公司股权融资成本越高。肖斌卿等（2010）等同样发现，证券分析师作为信息中介，分析师跟进有利于降低公司股权再融资成本。

　　上述文献都是从证券分析师跟踪人数等角度来研究证券分析师与股权再融资成本之间的关系，但文献并未考究证券分析师利益关联托市行为和认知偏差托市行为的差异化，也没有考虑投资者对证券分析师出具研究报告质量的甄别能力，研究结论的稳健性有待商榷，亦给本书的研究留下了较广阔的空间。

第2章

分析师跟进的影响因素：
基于公司治理的视角

2.1 引　　言

证券分析师作为资本市场上的中介机构，通过收集上市公司私有信息，深入调研行业的发展现状，对相关企业作出盈余预测并给出投资评级，反映了市场对上市公司未来业绩和股价走势的看法，能够有效缓解上市公司和投资者之间的信息不对称程度，提高资本市场效率（Beaver，2002），为投资者更好获取上市公司信息提供帮助（李丹、贾宁，2009）。

作为资本市场的信息中介，分析师首先根据收集的信息以及职业判断选择跟进的公司，然后通过大量收集信息对跟进公司的基本面进行分析并提供未来业绩预测。然而，并不是资本市场中所有的上市公司都能够吸引分析师跟踪，公司所受到的分析师跟踪的数目也有较大的差异，其中，2010 年分析师跟踪上市公司的数目从 1~126 人不等，上市公司被分析师跟进的数量存在较大的差异。

　　证券分析师在进行盈余预测时除依据调研过程中获取的私有信息，亦对上市公司的定期财务报告、临时性公告以及来自管理层的预测等公开披露信息非常重视，其中上市公司发布的公开信息是分析师进行盈余预测的重要信息来源（Jennings，1987；Baginski and Hassell，1997）。蔡卫星和高明华（2009）认为，证券分析师对上市公司进行盈余预测直接依赖于上市公司所披露的信息，因此，当上市公司有操纵信息的动机时，分析师将较不愿意去追随该公司并进行盈余预测（Lang et al.，2003）。显然，上市公司信息披露的内容越充分、完整、及时，信息披露质量越高，证券分析师进行盈利预测时可以利用的公共信息就越多，盈利预测的准确性也就越高（Byard et al.，2006；方军雄，2007）。

　　有效的公司治理会促进信息披露质量的提高，有利于吸引更多的分析师跟进，越来越多的研究开始关注公司治理质量对分析师跟进的影响。良好的公司治理机制能够确保公司管理者所披露信息的及时性与可靠性，以降低投资人与管理者之间的信息不对称程度。一方面，上市公司采用有效的公司治理机制，提供了强大的内部监督手段，有利减少管理层的机会主义行为，提高企业的信息披露水平（Welker，1995）。经营者在这种严格的监控环境中不太可能为实现个人的利益而隐瞒过多信息，从而导致公司财务报告的可理解性和信息的整体质量水平提高，即公司透明度的提高。另一方面，公司治理质量亦会影响企业会计部门所发布信息质量，例如财务预测的准确性（蔡卫星和高明华，2009）、财务报表的可信度（Fan and Wong，2005）或财务报表的披露质量（王斌和梁欣欣，2008），而管理当局所发布的信息，亦常作为分析师更正盈余预测的根据（Barron et al.，2002）。因此公司治理质量对于分析师的盈余预测行为就具有显著地影响力。

　　由此可见，公司治理质量将影响到其发布信息的可靠性，而相关信息披露的质量是分析师是否跟进并发表盈余预测的主要依据之一，因此，上市公司治理质量的高低将显著影响分析师跟进的决策。本章从内部公司治理和外部公司治理两方面构建了公司治理质量指数，研究公司治理质量对证券分析师跟进的影响，并进一步分析内部公司治理和外部公司治理影响证券分析师跟进的差异，以及各公司治理质量衡量指标对分析师跟进的影响。最后，基于横截面数据提供的间接证据，本章后续研究了公司治理质量变化对分析师跟进的影响，以提供更加直接的证据。

　　本章研究发现，证券分析师偏好跟进公司治理质量较高的上市公司，公司治理质量越高，上市公司披露的信息越及时和准确，有利于吸引证券分析师的跟进。进一步将公司治理划分为内部公司治理和外部公司治理后发现，相对于外部公司治理质量，证券分析师跟进比例与内部公司治理质量显著正相关，这得益于内部公司治理的监管机制和激励机制与上市公司的会计信息披露质量之间存在着重要的交互作用（王斌和梁欣欣，2008），内部公司治理质量越高，上市公司的会计信息披露越及时和准确，越有利于吸引证券分析师的跟踪。内部公司治理质量各衡量指标方面，信息披露质量越高，监督机制越完善的上市公司，越容易吸引到分析师的跟踪；而管理层权力越大，公司内部和外部信息不对称程度越严重，不利于吸引证券分析师的跟踪。

　　本章对现有文献的补充作用主要体现在以下几个方面：（1）与以往文献关注分析师盈余预测的准确性不同，本章探讨了公司治理质量对分析师跟进的影响，本章发现分析师偏好跟进公司治理质量较好的上市公司，这丰富和扩充了分析师跟进的文献。（2）本章研究了公司治理质量变化对分析师跟进的影响，这不同于文献中的横截面研究，研究结论更能提供公司治理质量与分析师跟进之间关系的直接证据。

2.2 研究假设的提出

目前国内文献对分析师的研究主要集中在分析师预测和评级行为的经济后果性，如分析师盈余预测的准确性（石桂峰等，2007；方军雄，2007），分析师盈余预测偏差和托市行为（原红旗和黄倩茹，2007；潘越等，2011）。国内文献对分析师跟进因素的影响文献还较少，林小池等（2007）首次研究了分析师跟进的决定因素，研究发现，经营质量状况和公司治理特征对分析师是否跟进具有显著地影响，经营质量较好、经营风险较低以及治理结构较好的上市公司更容易吸引海外分析师的跟进。王宇超等（2012）研究发现，分析师倾向于跟进那些规模较大、交易额较高、机构持股较多且投资者关系较好的公司，而规避那些投资风险较大、内部持股比例和业务复杂程度较高的公司。

具有良好公司治理机制的上市公司信息透明度越高，能够向外界传递公司私有信息，有效降低内部和外部人之间的信息不对称和代理成本，吸引更多分析师跟进并出具盈余预测研究报告。朗和伦德霍尔姆（Lang and Lumdholm，1996）研究则发现，公司公开披露的信息对于证券分析师而言是最重要的信息来源之一，上市公司公开披露的信息越多，分析师跟进并出具盈余预测报告的人数越多。公司治理越高的上市公司其信息披露越准确和越可信，能够有效降低公司未来业绩的不确定性，有利于吸引证券分析师的跟进；玉（Yu，2008）研究也发现，证券分析师的跟进与上市公司盈余管理程度成反比例，证券分析师偏好跟进信息披露较好的上市公司。

公司治理质量越高的上市公司会披露更多的有用信息给证券分析师，有利于减少证券分析师调研、搜集信息的成本，导致更多的分析师跟进并出具盈余预测报告。公司披露董事会的独立性和有效性，特别是审计委员会的有效性能够帮助分析师评价上市公司披露信息的可靠性（Peasnell et al.，2005）。范和王（Fan and Wong，2002）认为，如果上市公司实行了有效的公司治理机制，那么他们将披露更多高质量的信息，这将降低分析师跟进调研的成本，会吸引更多分析师的跟进；其次，有效的公司治理机制能够更好地监督公司管理层，致使公司的管理层和所有权人的利益趋于一致，降低经营权和所有权分离代理成本（Mouselli et al.，2012）。

证券分析师的跟进同样会受到市场投资者需求的影响（Langand Lundholm 1996；Barth et al.，2001；Barniv et al.，2005）。公司治理质量被视为未来盈利能力的指标之一（Gompers et al.，2003；Klapper and Love，2004；Durnev and Kim，2005；Brownand Caylor，2006）。当上市公司治理质量越高时，表明上市公司未来的盈利能力值得肯定，投资者对此类公司比较关注，因此，证券分析师会更愿意对此跟进并出具盈余预测研究报告。麦克尼科尔斯和奥布莱恩（McNichols and O'Brien，1997）认为，分析师会根据公司未来业绩来决定是否跟进上市公司，他们更倾向于跟进那些公司治理良好的上市公司。卡拉帕和乐福（Klapper and Love，2004）与杜尔涅夫和金（Durnev and Kim，2005）认为，良好的公司治理有利于提高公司业绩，减少业绩的波动性，能够吸引到更多的分析师跟进。

公司治理质量越高的上市公司会及时披露更多的企业信息（张学勇、廖理，2010），证券分析师在做出盈余预测时，可以获得更多的相关信息，进而可以降低对于未来盈利预测的不确定性，亦会降低证券分析师调研、搜集信息成本，因此证券分析师乐意跟进公司治理质量高的上市公司。鉴于此，我们认为，公司治理质量越高，自愿披露的信息越多，有利于降低分析师调研、搜集信息成本；同时，良好的公司治理有利于提高公司未来业绩，减少业绩的波动性，能够引起更多投资者的关注。两方面的原因都会导致更多证券分析师跟进并出具盈余预测研究报告。于是提出本章的研究假设 1：

研究假设 1：在控制其他因素后，证券分析师偏好跟进公司治理质量较高的上市公司。

在世界银行（World Bank）的公司治理架构下，公司治理可分为内部公司治理机制与外部公司治理机制。布希曼等（Bushman et al.，2004）亦认为，一套良好的公司治理评价体系应当包括内部公司治理机制和外部公司治理机制，内部公司治理机制主要包括管理层权力（权小锋和吴世农，2010）、股东权利、关联方交易、监督机制、激励机制以及信息披露等（李维安等，2003）；外部公司治理机制包括地方政府治理（魏明海等，2010）和行业环境（Schmidt，1997；李寿喜，2007）。

外部公司治理机制对上市公司信息披露政策和自愿信息披露质量的影响存在不一致的现象。首先，我国推行的财政分权制度允许地方政府拥有一定的地方财政收益，地方政府在财政税收方面拥有较大的控制权和支配权，客观上使各个地方政府成为相对独立的经济主体（谭劲松等，2009）。出于政绩显示的需要，地方政府的行为逐渐向"企业"靠拢，加上执政者的个人逐利动机和维持声誉等因素的作用使得地方政府与其他地方政府之间存在着强烈的竞争关系，地方政府治理对上市公司的决策具有明显的干预（夏立军和方轶强，2005）。但地方政府治理对上市公司的影响更多的宏观层面，诸如承担地区经济发展、社会福利、社会稳定、地区间竞争等，较少涉及企业的信息披露质量等微观层面，亦不会改变上市公司自愿信息披露政策，证券分析师较少关注企业的地方政府治理质量。

其次，市场竞争作为公司治理机制的有机组成部分，一方面降低了企业内部的信息不对称，可以以更低的成本有效地向公司所有人传递出经理人经营业绩的信号，对经理人的行为构成制约。市场竞争机制作用的结果将导致经营不善的企业面临被清算或被兼并的威胁，这也影响职业经理人的声誉。

因此，理性的经理人为避免自己在公司破产时受到惩罚（失去收入、丧失机会，降低声誉），经理人有动力提高企业的经营效率，减少公司破产的概率。因此，市场竞争机制可以对经理人发挥有效监督的作用。最后，产品市场竞争使得经理人更加关注和重视自身声誉，市场声誉机制的建立可以降低交易过程中企业的审核成本和调研费用，降低的交易成本在企业所有人和经理人之间进行分配，提高了社会的总福利。因此，市场竞争作为一种激励和监督手段，能够改善上市公司治理状况，提高上市公司价值（李寿喜，2007）。

然而，证券分析师都是行业专家，他们一般专注于某个或者几个行业，对行业内的上市公司都较熟悉，对行业内的上市公司或者行业出具相应的研究报告，而很少跟进不熟悉的行业上市公司（Kadan et al.，2011）。因此，市场竞争只是影响行业的竞争程度以及行业的信息披露质量，但对专注于行业内上市公司的证券分析师影响甚微，证券分析师分析行业内特定上市公司的行业地位，提供该公司的盈余预测、股票的评级和目标价格等，甚少关注行业之间的市场竞争程度差异（Barbe et al.，2010），因此行业的市场竞争程度对证券分析师决定是否跟进特定上市公司的影响不大。

因此，虽然公司治理包括内部治理和外部治理两个层面，但是内部公司治理质量和外部公司治理质量对证券分析师跟进的影响并不一致。内部公司治理机制主要针对公司治理存在的问题和多方利益冲突，制定出一整套正式或者非正式的规则，约束或激励相关内部行为人的机制，对上市公司的信息披露质量产生显著影响（谭兴民等，2009），有利于吸引证券分析师的跟进并出具盈余预测研究报告。但外部公司治理中的地方政府治理和行业环境影响的宏观和中观层面的因素，对上市公司自愿性信息披露政策影响较小，因此证券分析师可能并不太关注外部公司治理质量。鉴于此，我们提出本章的研究假设2：

研究假设2：相对于外部公司治理质量，证券分析师更偏好跟进内部公司治理质量较高的上市公司。

2.3 数据来源及研究设计

2.3.1 研究样本与数据来源

本章选取沪深 A 股主板市场（不含创业板）2003～2009 年非金融类上市公司。样本筛选过程为：（1）剔除上市年限不足三年的上市公司，因为在计算盈余波动性需要用到前 3 年的财务数据；（2）剔除金融、保险行业上市公司，因为金融、保险行业具有其行业的特殊性；（3）剔除预测期在一年以上的证券分析师跟进样本数据，因为预测期越长，证券分析师盈余预测的准确性在下降；（4）剔除数据缺失的上市公司，最终收集了 2003～2010 年共 3914 个样本数据，样本的年度和行业分布情况如表 2-1 所示。

表 2-1 样本的年度和行业分布情况

Panel A：样本的年度分布情况								
年份	2003	2004	2005	2006	2007	2008	2009	合计数
样本量	243	300	406	542	633	762	1028	3914
比例（%）	6.21	7.66	10.37	13.85	16.17	19.47	26.26	100
Panel B：样本的行业分布情况								
年份	2003	2004	2005	2006	2007	2008	2009	合计数
农、林、牧、渔业	1	3	3	8	14	16	21	66
采掘业	8	8	15	17	17	22	32	119
制造业 - 食品、饮料	15	12	21	25	26	28	46	173
制造业 - 纺织、服装、皮毛	5	8	15	17	13	18	32	108
制造业 - 木材、家具	0	0	1	2	2	4	4	13

Panel B：样本的行业分布情况								
年份	2003	2004	2005	2006	2007	2008	2009	合计数
制造业 – 造纸、印刷	2	4	5	6	8	12	19	56
制造业 – 石油、化学、塑胶、塑料	22	33	43	54	68	82	108	410
制造业 – 电子	16	18	19	23	29	33	55	193
制造业 – 金属、非金属	25	33	45	58	61	69	87	378
制造业 – 机械、设备、仪表	43	52	53	90	108	131	159	636
制造业 – 医药、生物制品	19	16	35	44	51	54	75	294
制造业 – 其他制造业	1	2	1	5	6	7	12	34
电力、煤气及水的生产和供应业	22	17	22	26	30	34	48	199
建筑业	4	1	5	5	9	14	24	62
交通运输、仓储业	15	18	26	31	32	43	49	214
信息技术业	14	16	17	27	27	40	57	198
批发和零售贸易	5	16	25	39	48	57	64	254
房地产业	11	15	24	33	42	50	71	246
社会服务业	6	13	13	14	18	19	32	115
传播与文化产业	4	6	7	7	9	9	10	52
综合类	5	9	11	11	15	20	23	94
合计数	243	300	406	542	633	762	1028	3914

本章证券分析师数据来源于 CSMAR 数据库，公司治理原始数据来源于 CSMAR、CCER 数据库、WIND 数据库，个别数据进行了手工收集，收集源于巨潮资讯和证券时报网站的年度财务报告。本章主要使用统计分析软件 Stata10.0 和 SPSS20.0 来处理相关数据并进行后续的计量分析。

表 2-1 简单分析了总体样本的年度分布和行业分布情况，Panel A 样本年度分布结果显示，本章研究样本呈现出显著地时间序列递增的特点，分析

师跟进的上市公司在 2003 年仅为 243 家上市公司，占总样本的 6.21%，2009 年被分析师跟进的上市公司达到了 1028 家，占总样本的 26.26%，证券分析师跟进上市公司的比例在逐渐递增。

样本公司行业按照中国证监会行业的划分，一共划分了 13 个大类，其中制造业按照中类继续划分，剔除了金融行业后，共分为 21 个行业。分析师跟进的行业也体现出显著地差异性，制造业中的木材和家具行业只有 13 家上市公司被证券分析师跟进发表盈余预测报告，仅占总样本公司的 0.33%；制造业中的机械、设备、仪表行业共有 636 家上市公司被证券分析师跟进发表盈余预测报告，占总样本公司的 16.25%。因此后续回归模型中我们增加了年度控制变量和行业控制变量，用以控制年度和行业对回归结果的影响。

2.3.2　模型设计与变量定义

根据本章的研究假设，本章拟采用多元回归方程检验公司治理质量是否对分析师跟进决策产生影响，首先根据模型（2 – 1）研究分析上市公司治理质量对证券分析师跟进的影响。进一步地，模型（2 – 2）将公司治理机制划分为内部公司治理和外部公司治理，检验内部公司治理和外部公司治理对分析师跟进的影响。模型（2 – 3）将内部公司治理和外部公司治理进一步划分至具体的衡量指标，其中内部公司治理划分为管理层权力、股东权力、关联交易、监督机制、激励机制和信息披露，外部公司治理划分为地方政府治理和行业竞争程度，分别研究各公司治理指标对分析师跟进的影响。各模型具体情况如下所示：

$$Following_i = \alpha + \beta_1 CG_{i,t} + \beta_2 SIZE_{i,t-1} + \beta_3 EPS_{i,t-1} + \beta_4 Earning\_sur_{i,t-1}$$
$$+ \beta_5 Loss_{i,t} + \beta_6 Turnover_{i,t} + Yeardummies + INDdummies + \varepsilon_{i,t} \quad (2-1)$$

$$Following_{i,t} = \alpha + \beta_1 CG\_Internal_{i,t} + \beta_2 CG\_External_{i,t} + \beta_3 SIZE_{i,t-1}$$
$$+ \beta_4 EPS_{i,t-1} + \beta_5 Loss_{i,t} + \beta_6 Earning\_sur_{i,t-1} + \beta_7 Turnover_{i,t}$$
$$+ Yeardummies + INDdummies + \varepsilon_{i,t} \qquad (2-2)$$

$$Following_{i,t} = \alpha + \beta_1 Management_{i,t} + \beta_2 Sharehold_{i,t} + \beta_3 Related_{i,t} + \beta_4 Disc_{i,t}$$
$$+ \beta_5 Monitor_{i,t} + \beta_6 Prompt_{i,t} + \beta_7 Government + \beta_8 Market + \beta_9 SIZE_{i\ t-1}$$
$$+ \beta_{10} EPS_{i,t-1} + \beta_{11} Loss_{i,t} + \beta_{12} Earning\_sur_{i,t-1} + \beta_{13} Turnover_{i,t}$$
$$+ Yeardummies + INDdummies + \varepsilon_{i,t} \qquad (2-3)$$

其中，被解释变量（*Following*）为第 i 家上市公司 t 年度被证券分析师跟进的人数，由于分析师跟进频率与上市公司的行业特征有着显著关系（Barber et al. , 2010；Kadan et al. , 2011），表 2 – 1 也显示了分析师跟进呈现出了显著的行业特征。为了防止行业特征的影响，本章采用上市公司年度内被证券分析师跟进人数与该公司所处的行业年度内证券分析师跟进次数之比来度量，行业的划分采用中国证券监督委员会的划分标准，一共划分为 13 个大类，其中制造业划分至中类，剔除掉金融、保险行业，共划分为 21 个行业分类。证券分析师跟进数值越大，表明该公司在所处的行业中越能够吸引证券分析师的注意力。

解释变量为公司治理质量（*CG*），包括内部公司治理质量和外部公司治理以及各公司治理衡量指标，公司治理质量的衡量文献中有较多的探讨，国内研究方面，主要有南开公司治理指数、中国社会科学院编制的中国上市公司 100 强公司治理评价体系，以及施东晖和司徒大年（2005）编制的公司治理指数，白重恩等（2005）编制的 G 指数，魏明海等（2010）编制的公司治理指数，亦有研究者选择某个具体指标来替代公司质量，管理层权力（权小锋等，2010），现金流权和控制权相分离程度（刘启亮等，2008），董事会治理结构（朱海珅和闫贤贤，2010；李维安和孙文，2007；郑志刚和吕秀华，2009），信息披露（张学勇、廖理，2010）。

本章根据我国上市公司在解决治理问题过程中的机制设计作为设定指标

评价体系的起点, 借鉴国内外公司治理评价体系的做法, 构建公司治理评价体系。指标具体包含内部治理和外部治理两个维度, 内部治理质量评价体系包括管理层权力、股东权利、关联交易、监督机制、激励机制和信息披露 6 项一级指标, 以及细分为 19 项二级指标和 47 项三级指标; 外部公司治理评价体系包括地方政府治理和行业环境 2 项一级指标, 以及细分为 4 项二级指标和 8 项三级指标, 具体指标设定参见附录 1 和附录 2①。

在指标构建后, 分别对单项指标赋值。地方政府治理赋值直接引用樊纲等 (2011) 编制的《中国市场化指数——各地区市场化相对进程 2011 年报告》。行业和内部治理机制指标赋值区别连续变量和离散变量进行, 对连续变量参考魏明海等 (2010) 方法进行, 采用相对数值来表示; 对离散性指标根据其取值区间和指标对企业价值的影响不同, 在 0 ~ 10 之间赋值。

根据林小驰等 (2007)、于 (Yu, 2010) 以及宋乐和张然 (2010) 等相关文献, 模型中还加入了公司规模、盈余的波动性等控制变量, 以增加模型的拟合度。各控制变量的具体含义如下所示:

(1) 公司规模 ($Size_{t-1}$)。证券分析师一般倾向于跟进那些规模较大的公司, 上市公司的规模越大, 受市场关注及监督程度越高, 且相对于规模小的公司来说其资源亦较多, 容易吸引更多的证券分析师跟进 (Baginski and Hassell, 1997)。本章采用分析师发布盈余预测年份前一年的资产规模取自然对数。

(2) 每股收益 (EPS_{t-1})。一般而言, 公司盈余水平对证券分析师的盈余

① 国内目前最权威、影响力最大的治理指数主要是南开公司治理指数、社科院公司治理中心编制的上市公司 100 强治理评价体系, 以及魏明海、柳建华和刘峰 (2010) 编制的上市公司投资者保护指数。前两个指数仅披露治理的评价结果, 并不对外公布具体的治理评分, 最后魏明海等 (2010) 的投资者保护指数披露了治理前 100 强名单, 也没有披露所有公司治理的具体评价结果。

为了验证本书中评价结果的有效性和科学性, 我们将南开公司治理指数中披露的 2002 ~ 2003 年的前 100 强样本、魏明海等 (2010) 披露的 2006 ~ 2008 年前 100 强样本以及上证公司治理板块的构成公司与本评价体系的样本进行了比较分析, 结果显示本书构建的公司治理体系与上述公司治理评价指标体系结果保持了较强的一致性, 表明本书构建的公司治理指数具备一定的科学性和有效性。

预测具有显著地影响作用（李丹、贾宁，2009）。我们将每股盈余包含在模型中，用以控制公司的盈余水平对分析师盈余预测的影响。

（3）盈余的波动性（*Earning_sur*）。鲍恩等（Bowen et al.，2002）发现，盈余波动性会影响到证券分析师的跟进和盈余预测的准确度，本章参考拜厄德等（Byard et al.，2006）研究设计，采用前三年每股收益的方差除以年初的股价来度量。

（4）亏损状况（*Loss*）。分析师较难预测亏损公司的盈余（Hope，2003），因此公司的盈余状况会影响到分析师跟进的人数。若当年度上市公司为亏损，则为1，否则为0。

（5）换手率（*Turnover*）。一般而言，公司股票流动性越强，越容易成为资本市场的焦点，更容易吸引到证券分析师的跟进。本章设置了换手率指标用以控制上市公司股票的流通速率对证券分析师跟进的影响，具体采用上市公司年均换手率来度量。

（7）年度控制变量（*Yeardummies*），以消除年份对回归结果的影响，由于样本公司从2003~2009年共7年，我们设置了6个虚拟年度变量。

（8）行业控制变量（*INDdummies*），以消除行业对回归结果的影响，由于样本公司共划分了21个不同的行业，我们设置了20个虚拟年度变量。

2.4　实证结果与分析

2.4.1　描述性统计分析

本章根据上述研究模型所涉及的主要变量，计算了各个样本的描述性统计量，结果如表2-2所示。

表2-2 样本公司相关变量描述性统计

变量 （N=3194）	均值	中位数	标准差	最小值	最大值	25分位	75分位
Following	0.0259	0.0117	0.0023	0.0003	1.0000	0.0040	0.0283
CG	69.5961	67.8418	130.6005	36.6304	121.3201	61.5859	76.9320
CG_internal	62.9565	61.4828	158.9996	33.1583	132.2889	56.3795	66.4816
CG_external	76.2356	74.0926	257.7799	32.5824	116.3703	64.1004	89.8961
Management	58.1002	57.6176	150.9115	8.2793	94.1774	51.4720	67.4439
Sharehold	38.7046	40.0571	53.4050	9.9275	205.7789	34.6974	43.2251
Related	58.1084	59.2498	119.4732	5.1132	92.0207	49.7405	66.3144
DISC	73.8407	75.0000	135.0999	25.0000	100.0000	62.5000	87.5000
Monitor	101.3608	109.8394	769.8605	22.7400	154.3443	92.7369	119.9615
Promption	47.6243	29.4778	3733.5033	-22.2631	476.8774	17.8345	49.5770
Government	79.8730	72.8333	883.9130	17.5333	135.5000	54.8667	109.6333
Market	72.5982	72.3955	107.7528	29.0421	102.3346	67.8380	78.8026
Loss	0.0542	0	0.0512	0	1	0	0
Turnover	0.0290	0.0257	0.0323	0.0009	0.1318	0.0144	0.0397
EPS_{t-1}	0.3297	0.2800	0.1959	-3.7234	6.2800	0.1200	0.4700
$SIZE_{t-1}$	21.7134	21.6120	1.1618	16.5844	27.8091	20.9558	22.3336

如表2-2所示，证券分析师跟进公司占行业比例（*Following*）变量均值为2.59%，中位数为1.17%，表明我国证券分析师跟进存在行业集中现象。公司治理变量方面，上市公司治理均值为69.5961，中位数为67.8418，但其最大值和最小值之间相差较大，标准差为130.60005，样本的公司治理指数存在较多极端的现象。外部公司治理（*CG_external*）的平均值为76.2356，中位数为74.0926，分别高于内部公司治理（*CG_internal*）的平均值（62.9565）和中位数（61.4828），表明我国上市公司的外部公

司治理高于内部公司治理，这主要得益于近些年我国相继出台完善了公司治理的法律法规以及股权分置改革的实施。同样地，外部公司治理和内部控制治理指数的最大值和最小值之间相距较大，标准差分别为 159.9996 和 257.7799，样本公司的治理指数存在极端异常值现象，具体到每一公司治理指数，各指标之间的数值都存在较明显的极端异常值，样本公司各具体公司治理指数的标准差亦较大，后续回归处理时将对上述变量进行 1% 数值的缩尾处理（Winsorized）。

样本公司中亏损（LOSS）的比例为 5.42%，总体样本公司的盈利情况较好。样本公司的年均换手率（Turnover）为 2.9%，中位数为 2.57%，表明我国上市公司的整体股票流动性较一般，年均只有 2.9% 的流动股票进行交易；每股收益（EPS_{t-1}）均值为 0.3297，中位数为 0.28，整体样本公司的盈余情况表现良好；资产规模的均值和中位数都为 21 左右，最大值和最小值相差较大，样本公司的资产规模也体现出了一定的差异性。

表 2-3 为本章构建的公司治理质量衡量指标之间的相关性，右上方为非参数 Spearman 检验系数，左下方为参数 Person 参数检验系数，表 2-3 的结果显示公司治理质量与内部公司治理质量和外部公司治理质量显著正相关，内部公司治理质量和外部公司质量亦呈现显著正相关关系，总体公司治理质量和内部公司治理质量与各具体衡量指标亦显著正相关，表明本章构建的公司内部公司治理质量衡量指标具有一定的相关性。

同时，本章还按照公司治理的均值将样本划分为高公司治理组和低公司治理组，样本公司的公司治理质量高于样本公司治理质量的均值为高公司治理组，反之为低公司治理组。并对不同公司治理组分析师跟进比例进行均值比较分析，表 2-4 列示了不同分类指标下各子样本的均值差异比较结果。

表 2 - 3　构建的公司治理质量衡量指标相关性分析

	CG	CG_internal	CG_external	Management	Sharehold	Related	DISC	Monitor	Promption	Government	Market
CG		0.735**	0.846**	0.131**	0.088**	0.124**	0.234**	0.296**	0.458**	0.847**	0.299**
CG_internal	0.607**		0.230**	0.256**	0.186**	0.258**	0.404**	0.581**	0.587**	0.232**	0.087**
CG_external	0.846**	0.261**		0.010	-0.035*	0.025	0.078**	0.068**	0.247**	0.946**	0.331**
Management	0.131**	0.199**	0.029		-0.023	0.059**	-0.005	-0.003	0.028	0.025	-0.027
Sharehold	0.088**	0.202**	-0.034*	-0.019		-0.044**	0.000	-0.029	0.125**	-0.021	-0.067**
Related	0.125**	0.193**	0.027	0.077**	-0.034*		0.046**	0.030	-0.003	0.023	0.036*
DISC	0.242**	0.334**	0.082**	0.028	0.005	0.050**		0.214**	0.021	0.058**	0.116**
Monitor	0.341**	0.471**	0.116**	0.060**	-0.038*	0.039*	0.273**		0.036*	0.062**	0.066**
Promption	0.650**	0.862**	0.248**	0.002	0.157**	0.021	0.085**	0.063**		0.268**	-0.009
Government	0.807**	0.257**	0.947**	0.044**	-0.024	0.023	0.055**	0.098**	0.254**		0.049**
Market	0.307**	0.070**	0.382**	-0.035*	-0.037*	0.018	0.096**	0.079**	0.041**	0.064**	

注：**、* 分别表示在置信信度（双测）为0.01和0.05时，相关性是显著的。

表 2 - 4　　　　　不同分类指标下证券分析师跟进比例均值差异比较

Panel A：按照公司治理均值划分

分类指标	样本量（N）	均值	标准差
高公司治理组	1714	0.0261	0.0454
低公司治理组	2200	0.0256	0.0495
均值差异	0.0005（0.363）		

Panel B：按照内部和外部公司治理均值进一步划分

分类指标		N	均值	标准差	分类指标	N	均值	标准差
公司治理质量较高组	内部治理质量较高组	1067	0.0282	0.0442	外部治理质量较高组	1535	0.0249	0.0447
	内部治理质量较低组	647	0.0212	0.0471	外部治理质量较低组	179	0.0364	0.0499
	均值差异	0.007（0.002 ***）			均值差异	− 0.115（− 0.001 ***）		
公司治理质量较低组	内部治理质量较高组	555	0.0283	0.0535	外部治理质量较高组	245	0.0322	0.0792
	内部治理质量较低组	1645	0.0254	0.0481	外部治理质量较低组	1955	0.0253	0.0444
	均值差异	0.0029（0.023 **）			均值差异	0.0069（0.040 **）		

注：括号内为变量采用双尾检验的 p 检验值，***、** 分别表示在 1%、5% 水平上统计显著。

表 2 - 4 按照均值划分为高公司治理质量组和低公司治理质量组，比较两组样本之间证券分析师跟进比例是否存在差异，Panel A 结果发现，高公司治理组样本公司被证券分析师跟进的比例为 2.61%，高于低公司治理组的2.56%，但两者之间的均值差异并没有通过显著性水平 10% 的检验。本章继续将公司治理划分为内部公司治理和外部公司治理子样本，比较分析公司内部公司治理质量对证券分析师跟进的影响。

Panel B 结果显示，在公司治理质量较高组中，内部治理质量越高的上市公司越容易吸引到证券分析师的跟进，内部治理质量高的子样本组中上市公司被证券分析师跟进的比例为 2.82%，显著高于内部治理质量低的子样本组2.12%；在公司治理质量较低组中同样发现，内部治理质量越高的上市公司越容易吸引到证券分析师的跟进，内部治理质量高的子样本组中上市公司被证券分析师跟进的比例为 2.83%，显著高于内部治理质量低的子样本组 2.54%。均值比较结果初步显示，证券分析师偏好跟踪公司内部治理质量较好的上市公司，内部治理质量越高的上市公司，其被分析师跟进的比例越高。

但对于外部公司治理质量对证券分析师跟进决策的影响，公司治理质量较高组和公司治理质量较低组的结果并不一致，在公司治理较高组中，外部治理质量越高的上市公司越不容易吸引到证券分析师的跟进，外部治理质量高的子样本组中上市公司被证券分析师跟进的比例为 2.49%，显著低于外部治理质量低的子样本组 3.64%；但在公司治理较低组中，外部治理质量越高的上市公司又越容易吸引到证券分析师的跟进，外部治理质量高的子样本组中上市公司被证券分析师跟进的比例为 3.22%，显著高于外部治理质量低的子样本组 2.53%。这一矛盾的结果显示，外部公司治理质量对证券分析师跟进的影响并不存在一致的结论，其原因可能在于外部公司治理质量更多是中观层面的市场环境和地区环境的因素，对行业内的证券分析师影响不大，但对于跨行业的证券分析师是否跟进某新行业内上市公司的决定影响可能较大，由此导致公司治理质量较高组和较低组的结论并不一致。

上述均值差异比较分析表明，相对于外部公司治理质量，证券分析师更关注上市公司的内部治理质量，其中的原因可能是内部公司治理更有利于提高上市公司的信息披露质量，证券分析师更容易获得企业的私有信息，因此更偏好跟进内部公司治理质量较高的上市公司。而外部公司治理更多的影响企业中观层面信息，行业竞争和地区环境对于上市公司信息披露政策影响甚微，对分析师跟进决策影响较小。当然，上述均值比较只是给出了一个粗略的分析结果，更精确的结果有待进一步的回归分析。

2.4.2　回归分析结果

本章首先基于混合数据采用最小二乘法对证券分析师跟进和公司治理质量之间的关系进行研究，回归结果如表2-5所示。

表2-5列示了模型回归结果，其中模型1研究分析公司治理质量对证券分析师跟进影响；模型2将公司治理划分为内部公司治理和外部公司治理，研究内部公司治理质量和外部公司治理质量对证券分析师跟进的影响；模型3进一步将公司治理划分为各具体衡量指标，研究具体指标对证券分析师跟进的影响。

表 2-5　　　　　证券分析师跟进与公司治理质量关系回归结果

N = 3914	模型 1		模型 2		模型 3	
	系数	t 值	系数	t 值	系数	t 值
常数	-13.271	-8.525 ***	-13.920	-8.923 ***	-12.195	-6.720 ***
CG	0.021	3.298 ***				
$CG\_internal$			0.029	5.508 ***		
$CG\_external$			-0.004	-0.855		
$Management$					-0.017	-3.332 ***
$Sharehold$					0.015	1.738 *
$Related$					0.011	1.872 *
$DISC$					0.003	2.612 ***
$Monitor$					0.006	2.590 **
$Promption$					0.005	4.283 ***
$government$					-0.001	-0.181
$Maarket$					-0.027	-2.897 ***
$SIZE_{t-1}$	0.787	12.431 ***	0.822	12.911 ***	0.808	12.659 ***
EPS_{t-1}	1.267	8.465 ***	1.184	7.865 ***	1.154	7.647 ***
$Earning\_sur_{t-1}$	-0.278	-0.811	-0.268	-0.784	-0.251	-0.733

续表

N = 3914	模型 1		模型 2		模型 3	
	系数	t 值	系数	t 值	系数	t 值
Loss	- 0.867	- 3.179 ***	- 0.797	- 2.923 ***	- 0.782	- 2.866 ***
Turnover	- 0.223	- 4.658 ***	- 0.227	- 4.765 ***	- 0.228	- 4.791 ***
Ind	控制		控制		控制	
Year	控制		控制		控制	
调整后的 R^2	38.7%		39.0%		39.2%	
F 值	78.215 ***		76.793 ***		65.761 ***	

注：*** 、** 、* 分别表示在 1% 、5% 、10% 水平上统计显著。

从上述 3 个模型中可以看出，经调整后的 R^2 都大于 38% 以上，F 值也都通过了 1% 显著性水平的检验，模型的整体拟合度较好。从各解释变量的系数来看，公司治理质量（CG）通过了 1% 水平下显著性水平的检验，与证券分析师跟进比例成正相关关系，表明证券分析师偏好跟进公司治理质量较高的上市公司，上市公司治理质量越高，自愿披露的信息较多，越容易吸引证券分析师的跟进，研究假设 1 得到了验证。将公司治理划分为内部公司治理和外部公司治理后发现，内部公司治理质量（CG_internal）通过了 1% 水平下显著性水平的检验，与证券分析师跟进比例成正相关关系，但外部公司治理质量（CG_external）并未通过 10% 水平下显著性水平，这表明相对外部治理质量而言，证券分析师更偏好跟进公司内部治理质量较高的上市公司，内部公司治理影响的公司微观层面的信息披露，较容易吸引证券分析师的跟进。而外部公司治理影响的是中观层面的行业因素，对上市公司信息披露决策的影响程度较小，因此对证券分析师是否跟进的抉择影响较小，研究假设 2 得到了验证。

模型 3 进一步研究各公司治理衡量指标对证券分析师跟进的影响后发现，内部公司治理层面，管理层权力与证券分析师跟进比例显著负相关，股东权利与证券分析师跟进比例显著正相关。管理层权力的存在使得董事会被管理层俘获或受其影响（Bebchuk and Fried，2004），王克敏和王志超（2007）的研究亦表明，当管理层权力扩大而且缺乏有效的监督制约时，公司管理层和所有者之间的代理问题更严重，降低公司自愿信息披露频率和质量，不利于吸引证券分析师的跟进。帕卡什等（Parkash et al.，1995）和白晓宇（2009）发现，股权集中度水平越高的公司，分析师对其预测的准确度越高，有利于吸引更多的证券分析师跟进。本章认为，股东权力越大，越有能力监督与制衡公司管理层，有利于降低公司管理层和外部信息需求者之间信息不对称程度，吸引更多的证券分析师跟进。其他内部治理变量方面，关联方交易、信息披露、监督机制和激励机制都与证券分析师跟进比例显著正相关，表明了公司治理机制有利于缓解管理层和所有权人之间的信息不对称程度，提高信息透明度，从而吸引更多的证券分析师跟进并出具盈余预测研究报告。

　　外部公司治理层面，地方政府治理与分析师跟进比例成负相关关系，但并未通过10%水平下显著性检验，而行业竞争程度与分析师跟进比例成显著负相关关系，且通过了1%水平下显著性检验。这表明地方政府治理对上市公司的影响更多的中观层面，诸如承担地区经济发展、社会福利、社会稳定、地区间竞争等，较少直接涉及企业内部具体的信息披露等微观层面，亦不会改变上市公司自愿信息披露政策，因此证券分析师在决定是否跟进某上市公司时较少考虑企业的地方政府治理因素。考虑到竞争劣势成本，高竞争行业的上市公司较少自愿披露信息，因为这些信息同样会被产品市场上的竞争对手获得，竞争对手可以利用上市公司自愿披露的信息作出对公司不利的生产经营决策，从而影响公司在产品市场的竞争地位，降低公司的期望收益。所以，竞争劣势成本阻碍了上市公司的自愿披露行为，竞争劣势成本的存在导致上市公司信息披露水平的下降（Verrecchia，2001；宁家耀和李军，2012），这导致了行业竞争程度与分析师跟进比例显著负相关。

控制变量方面，资产规模与证券分析师跟进比例成显著正相关关系，表明公司规模越大，受市场关注及监督程度越高，容易吸引更多的证券分析师跟进；每股收益与证券分析师跟进比例成显著正相关关系，而盈余的波动性与分析师跟进比例成负相关关系，但没有通过显著性水平，表明证券分析师可能更关注上市公司近期的盈余情况，而对前几年的盈余情况却不甚关注；亏损公司被证券分析师跟进的比例较低，表明亏损公司的盈余状况较难预测，证券分析师更倾向于跟进盈利上市公司；换手率高的上市公司被证券分析师跟进的比例较低，这表明分析师在信息发布之前往往已经获取了信息，对不稳定的股票并不持偏好态度。

2.4.3　公司治理质量变化是否导致证券分析师跟进变化的显著性检验

上述研究发现，公司治理质量对证券分析师跟进具有显著的影响，但上述研究是从横截面角度论证的，即在其他条件一样的情况下，相对于公司治理质量低的公司来说，公司治理质量高的公司被证券分析师跟进的比例越高。从提高公司治理质量为什么会增加证券分析师跟进的理论解释看，横截面角度的论证提供的只是间接证据。而更直接的论证是如果一个公司提高公司治理质量了，证券分析师的跟进比例是否确实会增加，即从时间角度研究。针对上述问题，本章研究了公司治理质量变化对证券分析师跟进比例的影响，以寻求更直接的证据，具体采用滞后一期的公司治理质量作为解释变量，分析公司治理质量变化对分析师跟进变化的影响。

表2-6显示了公司治理变化对证券分析师跟进变化的影响，其中模型1研究分析公司治理质量变化对证券分析师跟进变化影响；模型2将公司治理划分为内部公司治理和外部公司治理，研究内部公司治理质量变化和外部公

司治理质量变化对证券分析师跟进变化的影响；模型 3 进一步将公司治理划分为各具体衡量指标，研究各具体公司治理指标变化对证券分析师跟进变化的影响。

表 2 - 6　　　　　　　公司治理质量变化对分析师跟进变化的影响

N = 3505	模型 1		模型 2		模型 3	
	系数	t 值	系数	t 值	系数	t 值
常数	− 7.197	− 4.629 ***	− 7.362	− 4.736 ***	− 7.635	− 4.893 ***
ΔCG	0.030	2.041 **				
$\Delta CG\_internal$			0.030	3.226 ***		
$\Delta CG\_external$			− 0.016	− 1.148		
$\Delta Management$					− 0.012	− 2.174 **
$\Delta Sharehold$					0.011	1.061
$\Delta Related$					0.001	0.119
$\Delta DISC$					0.010	2.082 **
$\Delta Monitor$					0.007	2.308 **
$\Delta Promption$					0.001	0.179
$\Delta government$					0.017	1.306
$\Delta Market$					− 0.020	− 2.227 **
EPS_{t-1}	1.151	7.237 ***	1.178	7.397 ***	1.211	7.594 ***
$SIZE_{t-1}$	0.662	9.768 ***	0.670	9.890 ***	0.677	9.967 ***
$Earning\_sur_{t-1}$	− 0.829	− 2.264 **	− 0.863	− 2.359 **	− 0.817	− 2.232 **
$Loss$	− 1.052	− 3.686 ***	− 1.034	− 3.624 ***	− 1.015	− 3.558 ***
$Turnover$	− 0.494	− 12.924 ***	− 0.477	− 12.330 ***	− 0.464	− 11.697
Ind	控制		控制		控制	
调整后的 R^2	35.2%		35.4%		35.5%	
F 值	74.336 ***		71.967 ***		59.484 ***	

注：*** 、** 、* 分别表示在1%、5%、10%水平上统计显著。

研究结果发现，公司治理变化与证券分析师跟进变化呈显著正相关关系，说明公司治理的提升确实有利于吸引更多的证券分析师跟踪，进一步划分为内部公司治理和外部公司治理后发现，证券分析师更偏好内部公司治理质量，公司治理质量提升越高，越容易吸引证券分析师的跟进，证券分析师在决定是否跟进某上市公司时甚少关注公司外部公司质量。进一步研究具体公司治理指标同样发现，管理层权力越大，公司内部和外部之间信息不对称现象越严重，越不容易吸引证券分析师的跟进。上述研究结果表明公司治理质量会影响证券分析师跟进策略，证券分析师偏好跟踪公司治理质量高的上市公司，尤其是内部治理较高的上市公司，越容易受到证券分析师的青睐，其被证券分析师跟进的比例越大。

2.5 本 章 小 结

证券分析师作为资本市场中的信息中介，他们跟踪上市公司，收集上市公司公开信息，对相关公司进行调研，撰写所跟进公司的研究报告，提供上市公司的盈余预测，并向其客户提供证券买卖建议，反映了资本市场对上市公司未来业绩和股价走势的看法，能够有效缓解上市公司和投资者之间存在的信息不对称程度，提高资本市场效率（Beaver，2002），促进资本市场的有效性（Healy and Palepu，2001）。鉴于证券分析师在资本市场中所起到的重要作用，对分析师的研究一直以来都是财务金融学研究的热门领域。

本章基于自行构建公司治理质量衡量框架，研究了上市公司治理质量对证券分析师跟进的影响。研究发现，公司治理质量越高，其信息披露质量越高，越容易吸引证券分析师跟踪，证券分析师跟进比例与公司治理质量呈显著正相关关系。将公司治理划分为内部公司治理和外部公司治理后发现，证券分析师跟进比例与内部公司治理质量显著正相关，这得益于内部公司治理的监管机制和激励机制与上市公司的会计信息披露质量之间存在着重要的交互作用（王斌和梁欣欣，2008），内部公司治理质量越高，上市公司的会计信息披露越及时和准确，越有利于吸引证券分析师的跟踪。内部公司治理质量各衡量指标方面，信息披露质量越高，监督机制越完善的上市公司，越容易吸引到分析师的跟踪；而管理层权力越大，公司内部和外部信息不对称程度越严重，不利于吸引证券分析师的跟踪。

分析师在决定是否跟踪某上市公司时并不考虑外部公司治理质量，其中的原因是外部公司治理影响的某地区或者某行业整体上市公司，对具体上市公司的信息披露质量影响甚微，因此对证券分析师是否跟进的抉择影响较小。进一步发现，考虑到竞争劣势成本，高竞争行业的上市公司自愿披露信息程度较低，信息披露水平下降，行业的竞争程度与分析师跟进比例呈显著负相关关系。而地方政府治理对上市公司的影响更多的中观层面，诸如承担地区经济发展、社会福利、社会稳定、地区间竞争等，较少直接涉及企业内部具体的信息披露等微观层面，亦不会改变上市公司自愿信息披露政策，因此证券分析师在决定是否跟进某上市公司时较少考虑企业的地方政府治理因素，表明为分析师对地方政府治理质量并不十分关注，地方政府治理并不能影响分析师跟进抉择。

本章的研究结论有助于我们更好地理解分析师在新兴资本市场中的行为特征。我们发现分析师在进行跟进抉择更多地考虑收集信息的成本，更热衷于跟进具有良好公司治理质量的上市公司。这无疑对我国资本市场上市公司治埋质量的提升大有裨益。一方面，作为上市公司自身，如果能获得更多的分析师关注，有利于降低上市公司与投资者之间的信息不对称程度，有利于降低其股权再融资成本。另一方面，分析师跟进有利于提高上市公司在资本市场的知名度，有利于其自身形象的优化。因此，上市公司治理质量的提升，无论对资本市场还是公司本身都有正面作用。

第3章

分析师跟进与上市公司盈余管理行为

3.1 引　　言

盈余管理作为会计学理论研究的重要组成部分，一直是理论界和实务界的研究热点。国内外大量研究表明，基于扭亏、"大清洗""保壳"以及再融资等目的，上市公司普遍存在盈余管理行为（王跃堂等，2005；张然等，2007；潘越，2010），上市公司的盈余管理行为阻碍真实会计信息传递，误导投资者对公司真实价值的判断，损害了投资者利益并严重干扰了资本市场的正常运作。因此，遏制上市公司盈余管理行为一直是各国资本市场监管的重点内容。

公司治理作为保护投资者利益的机制之一，已被证明可以有效地遏制管理层的机会主义行为（Leuz，2003；Liu and Lu，2007）和提高财务报告透明度（Bushman et al.，2004）。作为缓解控股股东和中小股东、所有者与经营者之间利益冲突的公司治理机制对上市公司管理层的盈余管理活动有一定的遏制作用（佟岩和王化成，2007；罗进辉等，2010）。国内外较多文献探讨了内部治理机制对上市公司盈余管理行为的抑制作用，如拉·波塔等（La Porta et al.，1998）认为股权集中度与公司盈余管理程度负相关；皮斯尼（Peasnell，1998）、王兵（2007）以及张兆国等（2009）研究发现，独立董事能够有效抑制公司管理者的盈余管理行为，且董事会人数也与盈余管理程度负相关；沃菲尔德等（Warfield et al.，2005）、朱星文等（2010）发现管理者持股比例和控股股东持股比例均可以影响上市公司的盈余管理程度。高雷和张杰（2008）研究发现，机构投资者的持股比例与盈余管理程度负相关，表明机构投资者能有效地抑制管理层的盈余管理行为。上述文献主要的出发点是考虑内部治理机制对盈余管理的遏制作用，并未考虑公司外部治理机制对于上市公司盈余管理行为的影响。

鲍顿等（2005）认为，上市公司盈余管理行为不仅仅由公司管理层和所有人之间的利益冲突导致，现任股东和未来股东之间的利益冲突亦会导致上市公司的盈余管理行为。相对于未来股东而言，现任股东更强调股价在短时期的表现，从而制定的激励措施更加关注对当前业绩的提升作用。当公司管理层采用盈余管理手段提升当期业绩时，仅仅关注短期股价表现的现任股东对此可能无动于衷，损害了未来股东的利益。在这种情况下，旨在解决所有权和控制权相分离而导致的利益冲突的传统内部治理机制可能无法有效遏制这类盈余管理行为。因此，我们将研究视角转向外部公司治理机制，研究分析师跟进和法律环境两种外部治理机制对上市公司盈余管理行为的抑制作用。

与其他传统的公司治理机制相比，分析师跟进在抑制盈余管理方面更具有优势。首先，不同于内部公司治理机制致力于保护现任股东利益，分析师收集和整理信息并出具研究报告的目的是提供给资本市场的投资者，这包括现任股东、未来股东以及市场中其他参与人员。因此分析师在关注现任股东利益的同时也关注未来股东的利益，有利于抑制管理层的短期盈余管理行为，保护未来股东的利益。其次，分析师通常拥有较丰富的会计和财务专业知识，对跟进上市公司的行业现状和发展情景有较深的了解和判断，能够较好地理解财务报表和财务报表附注信息，更能有效地发挥外部监督作用，抑制上市公司盈余管理行为。最后，分析师定期跟进上市公司，持续关注上市公司定期披露信息和自愿披露信息，有利于掌握上市公司的动态变化，能够更好地洞悉上市公司真实业绩。因此，如果分析师跟进能够有效发挥外部监督的话，那么上市公司的盈余管理行为将随着跟进分析师人数的增加而有所下降，分析师跟进人数对上市公司盈余管理行为发挥了监督效应。于此，本章研究的第一个主题是：作为外部公司治理机制，分析师跟进是否能有效地抑制上市公司的盈余管理行为呢？

此外，文献中发现，新兴市场经济国家的法律制度和监管条例等公司外部法律环境亦能够制约管理层的盈余管理行为（La Porta et al.，1998；Leuz et al.，2003）。鉴于此，本章研究的第二个主题是：我国各省区市的投资者保护水平差异是否会影响以及如何影响该地区上市公司的盈余管理行为？此外，相对于投资者保护法律较强的地区，法律保护较弱的地区上市公司的管理层和投资者之间的信息不对称程度可能更加严重，治理质量较低（DeFond and Hung，2004），可能更加依赖于分析师的跟进这一外部治理机制抑制盈余管理行为。因此本章将进一步分析在投资者法律保护较弱的地区，分析师跟进对盈余管理的抑制作用是否更加显著？

本章研究发现，分析师跟进与法律环境对上市公司的正向盈余管理行为具有显著的抑制作用，但是对于上市公司的负向盈余管理的抑制作用不显著。当上市公司所处地区的投资者保护法律环境较弱时，分析师跟进发挥了更强的外部监督作用，表现为分析师跟进与上市公司正向盈余管理程度的负相关性更强。在控制了分析师跟进与盈余管理之间的内生性问题后，上述结论仍然成立，分析师跟进和法律环境有利于抑制上市公司正向盈余管理行为。同时，本章进一步从时间角度研究分析分析师跟进和投资者保护法律环境的变化对上市公司盈余管理程度变化的影响。研究结果表明，分析师跟进人数和投资者保护法律环境的提高不仅能够有效抑制上市公司正向盈余管理程度，而且能够有效抑制上市公司负向盈余管理程度，分析师跟进人数和投资者保护法律环境的提高显著抑制了上市公司盈余管理程度的提高。

本章对现有文献的补充作用主要体现在以下几个方面：（1）与以往文献关注公司内部治理机制对盈余管理的抑制作用不同，本章探讨了分析师跟进和投资者保护法律环境两种外部公司治理机制与上市公司盈余管理的关系，研究发现分析师跟进和投资者保护法律环境有利于抑制上市公司盈余管理行为，这丰富和扩充了外部治理机制与盈余管理之间关系的研究。（2）本章在研究分析师跟进与盈余管理之间关系时控制了分析师跟进的内生性问题，为后续研究分析师跟进问题提供了研究思路和框架。（3）本章研究了分析师跟进人数和投资者保护法律环境变化对盈余管理程度变化的影响，这不同于文献中的横截面研究，更能提供分析师跟进人数和投资者保护法律环境与上市公司盈余管理之间关系的直接证据。

3.2　研究假说的提出

公司治理是指通过一套包括正式或非正式的、内部或外部的制度或机制来协调公司与所有利益相关者之间的利益关系，以保证公司决策的科学化，从而最终维护公司各方面利益的一种制度安排（李维安，2005）。内部公司治理致力于解决管理层和现有股东之间的信息不对称现象，降低所有权人和管理者之间的委托代理问题。但上市公司盈余管理行为并不仅仅由于公司管理层和所有权人之间的利益冲突所导致，现任股东和未来股东之间的利益冲突也会导致上市公司的盈余管理行为（Bolton et al.，2005），在这种情况下，用以解决所有权和控制权相分离导致利益冲突的传统内部公司治理机制并不能有效遏制盈余管理行为，因此，需要借助外部公司治理机制来抑制上市公司的盈余管理行为。

分析师跟进在资本市场上扮演了公司治理的角色，分析师跟进与上市公司的盈余管理程度呈负相关关系，分析师跟进人数越多，对上市公司的外部监督效应越强，上市公司的盈余管理程度越低（Knyazeva，2007；Yu，2008；Chou，2010）。分析师通过收集、整理信息并出具相应的研究报告，有利于缓解上市公司与投资者之间的信息不对称程度（Jensen and Meckling，1976），评价公司在市场上的生存能力和投资空间，对公司管理层的行为发挥潜在的监督作用（Lang et al.，2004）。同时，分析师收集和整理调研过程获取的私有信息以及公开市场披露的相关信息，并与宏观层面和行业层面的相关信息比对，使其更能全面了解上市公司的经营状况，有效监督上市公司盈余管理行为。克尼亚泽夫（2007）选择了机构投资者持股比例作为公司治理的替代变量，检验了分析师跟进的外部公司治理机制的替代作用，研究结果发现，相对于机构投资者持股比例高的上市公司，机构投资者持股比例低的上市公司分析师跟进人数与盈余管理程度更加显著负相关，因此，分析师跟进被认为是外部公司治理机制的替代变量。

另一方面，分析师跟进行为被视为上市公司管理行为的放大镜（Knyazeva，2007）。分析师的中介作用有利于提高上市公司的信息传递速度和广度，致使信息搜集能力较差的股东能够及时获取上市公司信息，及时监督上市公司管理层的盈余管理行为，因此，分析师跟进人数越多，上市公司经营状况信息传播的速度越快，范围越快，上市公司盈余管理行为受到监督的可能性越大，上市公司盈余管理程度越低。潘越等（2011）亦认为，分析师关注度越高的上市公司，在多重交织的信息渠道网络覆盖下，其真实面貌越会被更全面、多角度地揭示和解读，上市公司操纵盈余管理的可能性较低。

综合以上文献可见，分析师跟进人数的提高预期会从以下两方面降低管理层盈余操纵行为：（1）降低公司管理层和投资者之间信息不对称程度，压缩盈余操纵的行为空间；（2）加速上市公司信息传播速度和广度，提高市场参与者对上市公司经营业绩的关注度，提高市场参与者对上市公司盈余管理行为的监督力度。基于此，提出本章的研究假设1：

研究假设1：在控制其他因素后，分析师跟进数量与上市公司盈余管理程度显著负相关。

公司并不是在真空中经营，而是在制度环境的限制下经营（吴宗法和张英丽，2012）。拉·波塔等（2000）认为，一国的法律体系在很大程度上决定了公司治理结构和水平，良好的公司治理必定要以有效的投资者法律保护为基础。夏立军和方轶强（2005）亦提出公司治理环境至少包括政府治理、法治水平、产权保护、市场竞争等方面，这些公司治理环境会影响到企业契约的顺利签订和履行，进而影响到企业盈余管理行为的选择。更重要的是，公司治理环境是相对于股权结构安排、独立董事制度、信息披露制度、独立审计制度等内部公司治理机制更为基础性的层面。没有良好的治理环境，这些公司治理的内部和外部机制便很难发挥作用（夏立军和方轶强，2005）。

拉·波塔等（1997）研究发现，投资者法律保护与上市公司价值正相关，有效的投资者保护法律能够促进上市公司改善公司治理质量。在投资者保护法律较薄弱的国家，上市公司的内部人和外部投资者之间的信息不对称程度越严重，公司治理质量也较低下。德丰和黄（DeFond and Hung, 2004）认为，当上市公司业绩不佳时，良好的公司治理机制应该能够及时更换公司高管，研究后发现，投资者保护法律的强力执行会加快业绩不佳的公司高管的更换频率，表明了投资者保护力度越强，上市公司治理质量越高，上市公司盈余管理程度较低。

但是，仅仅制定一些法律条文还不足以制约上市公司的盈余管理行为，法律对契约执行的保证作用还受制于法治环境（吴永明和袁春生，2007）。特别地，我国各种法律和法规主要由全国人民代表大会及常委会、国务院及中央各部委制定，其效力及于全国。在法律条文基本相同的情况下，各地区投资者法律保护的差异主要体现在法律环境上，法律环境的好坏直接影响投资者法律保护程度，影响上市公司盈余管理程度。从1978年开始，我国经历了从计划经济向市场经济转轨的过程，相关的法律法规在不断完善，法治水平亦在不断进步。但由于政策、地理、交通、历史等因素的影响，经过30多年的发展，各地区之间的市场化进程、政府干预程度和法律环境等方面呈现出较大的差异（樊纲等，2011）。而法律环境和市场化进程的高低对于企业和政府的行为都有影响（孙铮等，2005；夏立军等，2007）。

一般而言，法律环境较好、市场化进程较高的地区，产权改革以及非国有经济发展较为充分，市场主体相对活跃，政府行为相对规范，政府将会更少地将其社会性负担转嫁到其控制的上市公司中，也更可能会约束自身的行为。更进一步地，由于诉讼管辖通常采用"原告从被告"的原则，规定对凡含有上市公司在内的被告提起的民事诉讼，由上市公司所在地区的中级人民法院管辖。在此司法解释下，上市公司有可能与当地的司法部门达成妥协，使得上市公司侵占其他股东利益的成本相对降低，因此，各地区不同的法律体系效率也将最终影响法律条款的执行（郑志刚和邓贺斐，2010）。在一个法治水平较高的地区，上市公司内部人或大股东对中小股东的利益侵害行为更可能会受到约束（夏立军和方轶强，2005），上市公司管理层的盈余管理程度也会有所减弱。鉴于此，提出本章的研究假设2：

研究假设2：在控制其他因素后，法律环境的改善有利于降低上市公司盈余管理程度。

3.3 数据来源及研究设计

3.3.1 研究样本与数据来源

本章选取沪深 A 股主板市场（不含创业板）2004～2010 年非金融类上市公司。样本筛选过程为：（1）剔除上市年限不足三年的上市公司，因为在计算盈余波动性需要用到前 3 年的财务数据；（2）剔除金融、保险行业上市公司，因为金融、保险行业具有其行业的特殊性；（3）剔除预测期在一年以上的证券分析师跟进样本数据，因为预测期越长，证券分析师盈余预测的准确性和可信度在下降；（4）剔除数据缺失的上市公司，最终收集了 2004～2010 年共 5246 个样本数据，样本的年度和行业分布情况如表 3－1 所示。

表 3－1　　　　　　　　样本的年度和行业分布情况

Panel A：样本的年度分布情况								
年份	2004	2005	2006	2007	2008	2009	2010	合计数
样本量	298	404	606	671	940	1087	1240	5246
比例（%）	5.68	7.70	11.55	12.79	17.92	20.72	23.64	100.00

Panel B：样本的行业分布情况								
年份	2004	2005	2006	2007	2008	2009	2010	合计数	比例（%）
农、林、牧、渔业	3	4	10	15	19	23	22	96	1.83
采掘业	8	19	22	20	36	39	45	189	3.60
制造业－食品、饮料	13	17	30	31	40	47	57	235	4.48
制造业－纺织、服装、皮毛	9	16	17	11	17	26	37	133	2.54
制造业－造纸、印刷	3	8	8	12	15	20	24	90	1.72

年份	2004	2005	2006	2007	2008	2009	2010	合计数	比例（%）
Panel B：样本的行业分布情况									
制造业－石油、化学、塑胶、塑料	31	43	61	70	99	109	114	527	10.05
制造业－电子	20	18	22	27	49	51	62	249	4.75
制造业－金属、非金属	35	39	66	71	94	98	114	517	9.86
制造业－机械、设备、仪表	48	54	99	111	156	185	209	862	16.43
制造业－医药、生物制品	17	39	46	51	65	80	81	379	7.22
制造业－其他制造业	0	0	0	8	10	10	16	44	0.84
电力、煤气及水的生产和供应业	19	24	27	29	41	55	56	251	4.78
建筑业	2	4	8	12	21	24	30	101	1.93
交通运输、仓储业	22	25	37	43	53	57	61	298	5.68
信息技术业	19	24	34	35	49	59	76	296	5.64
批发和零售贸易	10	22	41	41	58	66	76	314	5.99
房地产业	13	22	36	41	56	73	79	320	6.10
社会服务业	12	11	21	19	30	31	38	162	3.09
传播与文化产业	6	5	8	9	12	12	14	66	1.26
综合类	8	10	13	15	20	22	29	117	2.23
合计数	298	404	606	671	940	1087	1240	5246	100.00

本章证券分析师数据来源于 WIND 数据库，公司特征等其他原始数据来源于 CSMAR、CCER 数据库、WIND 数据库，个别数据进行了手工收集，收集源于巨潮资讯和证券时报网站的年度财务报告。本章主要使用统计软件 Stata10.0 来处理相关数据并进行后续计量分析。

表 3－1 简单分析了总体样本的年度分布和行业分布情况，Panel A 样本年度分布结果显示，本章研究样本呈现出显著地时间序列递增的特点，分析师跟进的上市公司在 2004 年仅为 298 家，占总样本的 5.03%，2010 年被分析

师跟进的上市公司达到了 1240 家，占总样本的 20.91%，证券分析师跟进的上市公司数量体现了逐年的递增。

样本公司行业按照中国证监会行业的划分，一共划分了 13 个大类，其中制造业按照中类继续划分，剔除了金融行业以及制造业中只有 11 家上市公司的木材和家具行业后，共分为 20 个行业。分析师跟进的行业也体现出显著地差异性，制造业中的其他制造业只有 44 家上市公司被证券分析师跟进发表盈余预测报告，仅占总样本公司的 0.84%；制造业中的机械、设备、仪表行业共有 862 家上市公司被证券分析师跟进发表盈余预测报告，占总样本公司的 16.43%。因此后续回归中我们增加了年度控制变量和行业控制变量，用以控制年度和行业对回归结果的影响。

3.3.2　模型设计与变量定义

根据本章的研究假设，本章采用多元回归方程检验法律环境和分析师跟进对上市公司盈余管理产生不同的影响，具体模型如式（3-1）所示：

$$DA = \alpha + \beta_1 Follow_{i,t} + \beta_2 Law_{i,t} + \beta_3 Follow \times Law_{i,t} + \beta_4 Lev_{i,t}$$
$$+ \beta_5 Size_{i,t} \sqrt{b^2 - 4ac} + \beta_6 ROA_{i,t} + \beta_7 Growth_{i,t} + \beta_8 MB_{i,t}$$
$$+ \beta_9 EPS_{i,t} + \beta_j \sum Year_j + \beta_\eta \sum IND_\eta + \varepsilon \qquad (3-1)$$

3.3.2.1　被解释变量

被解释变量（DA）为上市公司的盈余管理程度，本章采用式（3-2）中的扩展的 Jones 模型逐年逐行业对上市公司进行回归后得到年度、行业系数：

$$\frac{TA_{i,t}}{A_{i,t-1}} = \alpha_i \frac{1}{A_{i,t-1}} + \beta_{1,i} \frac{\Delta REV_{i,t} - \Delta AR_{i,t}}{A_{i,t-1}} + \beta_{2,i} \frac{PPE_{i,t}}{A_{i,t-1}} + \varepsilon_{it} \qquad (3-2)$$

回归后得到的各变量系数，利用式（3-3）和式（3-4）分别计算得出具体公司的经资产总额（滞后一期）调整后的正常应计利润和非正常应计利润：

$$NDA_{i,t} = \hat{\alpha}_i \frac{1}{A_{i,t-1}} + \hat{\beta}_{1,i} \frac{\Delta REV_{i,t} - \Delta AR_{i,t}}{A_{i,t-1}} + \hat{\beta}_{2,i} \frac{PPE_{i,t}}{A_{i,t-1}} + \varepsilon_{it} \qquad (3-3)$$

$$DA_{i,t} = \frac{TA_{i,t}}{A_{i,t-1}} - NDA_{i,t} \qquad (3-4)$$

上述各变量的具体定义如下：$TA_{i,t}$ 是第 i 家上市公司在 t 年度的总体应计项目，计算方法为：会计净利润减去来自经营活动的现金流量净额，即 $TA_{i,t} = NI_{i,t} - CFO_{i,t}$；$A_{i,t-1}$ 是第 i 家上市公司在 $t-1$ 年度的总资产；$\Delta REV_{i,t}$ 是第 i 家上市公司在 t 年度的主营业务收入减去 $t-1$ 年度的主营业务收入；$\Delta AR_{i,t}$ 是第 i 家上市公司在 t 年度的应收账款减去 $t-1$ 年度的应收账款；$PPE_{i,t}$ 是第 i 家上市公司在 t 年度的固定资产原值；ε_{it} 是随机误差项。

3.3.2.2　被解释变量

（1）分析师跟进人数（$Follow_{i,t}$）。本章采用当年度对上市公司出具盈余预测研究报告的人数总数来衡量。分析师跟进人数越多，对上市公司的监督力度越强，上市公司盈余管理程度越低，因此预计该变量显著为负。

（2）法律环境（$Law_{i,t}$）。本章借鉴夏立军和方轶强（2005）的研究，利用樊纲等（2011）编著的《中国市场化指数—各地区市场化相对进程报告》中 2004～2009 年各地区"市场中介组织和法律制度环境"指标作为法律环境的替代变量。但由于樊纲等（2011）的指数只更新至 2009 年，如何获得 2010 年的数据是一个问题。本章参考方军雄（2007）的做法，考虑到法律环境的相对稳定，直接将 2009 年的数据顺延至 2010 年，该指标越高，表明上市公司所处的地区法制环境越好，上市公司内部人或大股东对中小股东的利益侵害行为更可能会受到约束，上市公司管理层的盈余管理程度也会有所减弱，因此预计该变量显著为负。

3.3.2.3　控制变量

根据玉（Yu, 2008）和孙（Sun, 2009）等相关文献，模型中还加入了财务杠杆、公司规模、盈利能力、增长率等公司层面的控制变量，以增加模型的拟合度。各控制变量的具体含义如下所示：（1）财务杠杆（*LEV*），采用公司的资产负债率来表示；（2）资产规模（*Size*），采用公司年度资产规模取自然对数来衡量；（3）盈利能力（*ROA*），采用公司的资产利润率来衡量；（4）增长率（*GROWTH*），采用近3年的主营业务收入增长率来衡量；（5）账面市值比（*MB*），采用公司的每股净资产与年末流通股市值和非流通股每股账面价值每股市价来衡量；（6）每股收益（*EPS*）。

3.4　实证结果与分析

3.4.1　描述性统计分析

根据研究模型中所涉及的主要变量，计算了各个样本的描述性统计量，结果如表3-2所示。如表3-2所示，样本公司的盈余管理整体表现为正向盈余管理，盈余管理（*DA*）变量均值为0.0147，中位数为0.0115，表明我国上市公司存在着向上的盈余管理现象。平均每家上市公司年均被12.54位证券分析师跟进，但跟进上市公司的分析师数量存在着较大的差异性，其最大值和最小值分别为138人和1人，标准差为16.6899。上市公司的法律环境方面，平均数为9.8421，最大值和最小值分别为19.89和0.18，也表明我国各地区之间的法律环境之间存在着巨大的差异，各地区对投资者保护的力度存在着不一致的现象。公司特征方面，样本公司的负债比例均值为 50.69%，中位数亦为 50.62%，整体水平保持了一个较合理的负债规模；样本公司的资产规模取对数后均值为 21.7867，中位数为 21.6627，两者之间较接近，表明公司的规模并无明显的左偏现象；样本公司的资产报酬率均值为 8.13%，中位数为 7.20%。样本公司的增长率均值为 420.74%，这其中的原因主要受到极大值的影响所致。账面市值比均值和中位数分别为 35.78% 和 29.44%，样本公司每股收益的均值为 0.3992，中位数为 0.32，总体而言，样本公司特征变量体现出一定的差异性，某些变量存在异常的极端值，后续回归处理时将对上述变量进行 1% 数值的缩尾（Winsorized）处理。

表 3 - 2　　　　　　　　　样本公司描述性统计

变量	N	均值	最大值	最小值	25 分位	中位数	75 分位	标准差
$|DA|$	5246	0.0809	3.0640	0.0000	0.0227	0.0510	0.1017	0.1153
DA	5246	0.0147	3.0640	-1.6796	-0.0402	0.0115	0.0603	0.1401
Follow	5246	12.5431	138.0000	1.0000	2.0000	6.0000	16.0000	16.6899
Law	5246	9.8421	19.89	0.18	5.60	8.10	13.99	5.0445
Lev	5246	0.5069	55.4086	0.0108	0.3623	0.5062	0.6343	0.7838
Size	5246	21.7867	28.0031	16.5844	20.9282	21.6627	22.4765	1.2047
ROA	5246	0.0813	2.9395	-1.2356	0.0437	0.0720	0.1112	0.0831
GROWTH	5246	4.2074	8095.0350	-0.9978	0.2966	0.7153	1.3147	121.1293
MB	5246	0.3578	1.7360	-1.8519	0.1878	0.2944	0.4822	0.2392
EPS	5246	0.3992	6.2800	-4.2100	0.1500	0.3200	0.5600	0.5065

　　表 3 - 3 按照不同分类指标比较盈余管理程度的均值差异。首先，按照分析师跟进的均值划分为分析师跟进人数较多组和分析师跟进人数较低组，比较两组样本之间盈余管理程度是否存在差异，结果发现分析师跟进人数较多组样本公司的操控性盈余为 0.0119，显著低于分析师跟进人数较低组样本公

司的操控性盈余 0.0159。本章继续采用操控性盈余的绝对值来衡量盈余管理后仍然发现，分析师跟进人数较多组的样本公司盈余管理程度显著低于分析师跟进人数较低组样本公司的盈余管理程度，初步表明了分析师跟进人数的增加有助于降低上市公司的盈余管理程度。

表 3 - 3 不同分类指标下盈余管理程度均值差异比较

分类指标		DA			|DA|		
		N	均值	标准差	N	均值	标准差
分析师跟进人数	分析师跟进较多组	1633	0.0119	0.1491	1633	0.0771	0.1251
	分析师跟进较低组	3613	0.0159	0.1177	3613	0.0827	0.0897
	均值差异	− 0.0041（0.0647*）			− 0.0056（0.0520*）		
法律环境	高法律环境组	3138	0.0105	0.1319	3138	0.0792	0.1061
	低法律环境组	2108	0.0210	0.1512	2108	0.0834	0.1278
	均值差异	− 0.0105（0.0039***）			− 0.0042（0.0981*）		

注：括号内是 p 值，*、*** 分别表示在 p 值 0.1、0.01 下显著。

同样地，按照法律环境的均值划分为高法律环境组和低法律环境组，结果发现公司高法律环境组样本公司的操控性盈余为 0.0105，显著低于低法律环境组样本公司的操控性盈余 0.0210。本章继续采用操控性盈余的绝对值来衡量盈余管理后仍然发现，高法律环境组的样本公司盈余管理程度显著低于低法律环境组盈余管理程度，初步表明了地区法律环境的提高有助于降低上市公司的盈余管理程度。当然，上述均值比较只是给出了一个粗略的分析结果，更精确的结果有待进一步的回归分析。

3.4.2 回归分析结果

本章首先基于混合数据采用最小二乘法对证券分析师跟进和法律环境对

上市公司盈余管理的影响，回归结果如表3－4所示。表3－4列示了模型回归结果，其中模型1研究分析师跟进和法律环境对上市公司的可操控应计绝对值的影响，模型2研究分析师跟进和法律环境对可操控性应计的影响，模型3和模型4进一步将可操控性应计划分为正向盈余管理和负向盈余管理，研究分析师跟进和法律环境对正向盈余管理和负向盈余管理的影响。

　　从下述4个模型中可以看出，经调整后的 R^2 都大于12%，F值也都通过了0.1%显著性水平的检验，模型的整体拟合度较好。模型1表明，分析师跟进和法律环境与上市公司的可操控应计绝对值成负相关关系，表明分析师跟进和法律环境发挥了外部监管的作用，有利于遏制上市公司盈余管理程度，分析师跟进与法律环境交叉变量与上市公司的可操控应计绝对值成正相关关系，这表明在法律环境不完善的情况下，分析师跟进与可操控性应计绝对值更加负相关，亦即在投资者保护法律环境较弱的地区，分析师跟进发挥了更强的外部监督作用。模型2表明，分析师跟进与可操控应计呈显著负相关关系，但法律环境与可操控应计负相关且没有通过10%水平下的显著性检验。模型3和模型4将可操控应计划分为正向盈余管理和负向盈余管理，分析师跟进和法律环境对上市公司的正向盈余管理程度有显著的抑制作用，表明为分析师跟进和法律环境与正向盈余管理程度显著负相关。虽然分析师跟进与负向盈余管理程度呈负相关关系，但并没有通过10%水平下的显著性检验。而法律环境与负向盈余管理程度呈正向关系，亦没有通过10%水平下的显著性检验。

表3－4　　　　　　　法律环境、分析师跟进与盈余管理关系回归结果

变量	模型1：$|DA|$	模型2：DA	模型3：$DA>0$	模型4：$DA<0$
Follow	−0.0007 ** (−3.19)	−0.0008 ** (−2.91)	−0.0012 *** (−3.61)	−0.0001 (−0.35)
Law	−0.0016 *** (−3.83)	−0.0003 (−0.63)	−0.0019 *** (−3.32)	0.0008 (1.67)

续表

变量	模型1：$|DA|$	模型2：DA	模型3：$DA > 0$	模型4：$DA < 0$
$Follow \times Law$	0.0001 ** (2.69)	0.0001 (1.20)	0.0001 * (2.00)	− 0.0001 (− 1.41)
lev	0.0115 *** (5.96)	0.0090 *** (4.01)	0.0078 *** (3.90)	− 0.0775 *** (− 7.08)
$Size$	− 0.0081 *** (− 4.87)	− 0.0015 (− 0.79)	− 0.0107 *** (− 4.70)	0.0138 *** (6.39)
ROA	0.3670 *** (14.81)	0.7230 *** (24.95)	0.7490 *** (23.64)	0.2440 *** (6.61)
$GROWTH$	− 0.0000133 (− 1.08)	− 0.00000763 (− 0.53)	− 0.0000215 (− 1.67)	− 0.0000708 (− 1.19)
MB	− 0.0292 *** (− 3.36)	0.0334 ** (3.29)	0.0279 * (2.22)	0.0182 (1.73)
EPS	− 0.0169 *** (− 4.02)	− 0.0167 *** (− 3.40)	− 0.00640 (− 1.09)	− 0.0185 *** (− 3.52)
行业	控制	控制	控制	控制
年份	控制	控制	控制	控制
常数	0.239 *** (6.25)	0.0078 (0.17)	0.255 *** (4.92)	− 0.316 *** (− 6.62)
样本量 N	5246	5246	2965	2281
F 值	22.88 ***	36.70 ***	36.02 ***	10.15 ***
调整后的 R^2	12.42%	18.79%	28.66%	12.00%

注：括号内是 t 值；* 、** 、*** 分别表示在 p 值0.1、0.05、0.01 下显著。

由此可见，分析师跟进与法律环境对于上市公司的监督作用主要体现在上市公司的正向盈余管理行为上，分析师跟进与法律环境对于上市公司负向盈余管理行为并没有起着显著性的遏制作用，这其中的原因可能是市场对正向盈余管理更敏感而对负向盈余管理关注不够，表明市场对上市公司的盈余管理行为存在不对称行为，对上市公司的正向盈余管理（调高报告利润）较为严格，而对上市公司负向盈余管理（调低报告利润）可能存在默许状态，因此，分析师跟进和法律环境对上市公司的正向盈余管理行为抑制效果显著，但是对于上市公司负向盈余管理行为抑制效果并不理想。

控制变量方面，资产负债率越高，上市公司正向盈余管理程度越高，但上市公司的负向盈余管理程度越低。上市公司规模越大，正向盈余管理程度越低，负向盈余管理程度越高。资产利润率越高的上市公司，盈余管理程度越高。上市公司的业务增长率与盈余管理之间的关系并没有显著关系，账面市值比与正向盈余管理之间呈显著负相关关系，但是与负向盈余管理之间的正向关系并没有通过显著性水平检验。每股收益与盈余管理程度呈显著负相关关系，表明上市公司盈利能力越强，上市公司盈余管理的程度越低。

3.4.3　分析师跟进变化、法律环境变化与盈余管理程度变化的显著性检验

前述研究发现，分析师跟进、法律环境对上市公司的盈余管理行为起到积极的外部监督作用，但上述研究是从横截面角度论证的，即在其他条件一样的情况下，相对于分析师跟进人数少和法律环境较低地区的上市公司而言，分析师跟进人数较高和法律环境较高地区的上市公司正向盈余管理程度较低。从分析师跟进人数提升和法律环境的改善为什么会降低上市公司的盈余管理程度的理论解释来看，横截面角度的论证提供的只是间接证据。而更直接的论证是如果一个公司被更多的分析师跟进，公司所在的地区法律环境改善了，上市公司的盈余管理程度是否确实下降了，即从时间角度研究。针对上述问题，本章继续研究分析师跟进人数变化、法律环境变化对上市公司盈余管理程度变化的影响，以寻求更直接的证据，具体如式（3－5）所示，回归结果如表3－5所示。

$$\Delta DA = \alpha + \beta_1 \Delta Follow_{i,t} + \beta_2 \Delta Law_{i,t} + \beta_3 \Delta Follow \times \Delta Law_{i,t} + \beta_4 Lev_{i,t}$$
$$+ \beta_5 Size_{i,t} + \beta_6 ROA_{i,t} + \beta_7 Growth_{i,t} + \beta_8 MB_{i,t} + \beta_9 EPS_{i,t}$$
$$+ \beta_j \sum Year_j + \beta_\eta \sum IND_\eta + \varepsilon \qquad (3-5)$$

表3-5回归结果显示了分析师跟进变化、法律环境变化对上市公司盈余
管理程度变化的影响，其中模型1的被解释变量为样本公司的可操控应计的
绝对值；模型2的被解释变量为样本公司的可操控应计，按照可操控应计是
否大于零将全部样本公司划为正向盈余管理和负向盈余管理子样本，如模型3
和模型4所示。

表3-5　　　　　　分析师跟进人数变化、法律环境变化与盈余管理
程度变化之间关系回归结果

变量	模型1：$\Delta\mid DA\mid$	全样本公司	正向盈余管理公司	负向盈余管理公司
		模型2：ΔDA	模型3：ΔDA	模型4：ΔDA
$\Delta Follow$	-0.000255 (-1.26)	-0.00116 *** (-4.59)	-0.000702 * (-2.16)	-0.00115 *** (-3.33)
ΔLaw	-0.00151 (-0.76)	-0.0115 *** (-4.61)	-0.00833 * (-2.54)	-0.00827 * (-2.52)
$\Delta Follow \times \Delta Law$	0.000191 (1.84)	0.000223 (1.71)	0.000125 ** (2.73)	0.000246 (1.45)
lev	0.0541 *** (3.38)	0.0395 * (1.98)	0.111 *** (4.33)	-0.0307 (-1.12)
$Size$	-0.00656 ** (-2.78)	0.000118 (0.04)	-0.0122 ** (-3.09)	0.00944 * (2.50)
ROA	0.164 ** (2.95)	0.198 ** (2.84)	0.0741 (0.81)	0.148 (1.60)
$GROWTH$	-0.0000304 * (-2.15)	-0.0000298 (-1.69)	-0.0000359 * (-2.10)	-0.00905 *** (-4.64)
MB	-0.00605 (-0.50)	-0.0273 (-1.80)	-0.0377 (-1.86)	-0.0383 (-1.95)
EPS	-0.00622 (-1.04)	0.0178 * (2.39)	0.0349 *** (3.46)	0.00555 (0.58)

续表

变量	模型 1: $\Delta\mid DA\mid$	全样本公司 模型 2: ΔDA	正向盈余管理公司 模型 3: ΔDA	负向盈余管理公司 模型 4: ΔDA
行业	控制	控制	控制	控制
年份	控制	控制	控制	控制
常数	0.110* (2.26)	−0.0222 (−0.36)	0.258** (3.18)	−0.229** (−2.91)
样本量 N	2368	2368	1365	1003
调整后的 R^2	1.36%	3.44%	4.70%	4.61%

注：括号内是 t 值；* 、** 、*** 分别表示在 p 值 0.1、0.05、0.01 下显著。

研究结果发现，控制影响分析师跟进的其他变量后，分析师跟进人数的提高与盈余管理程度呈显著负相关关系，且这种负相关关系不仅体现在正向盈余管理的样本公司，而且还体现在负向盈余管理的样本公司，分析师跟进人数的提高显著抑制了上市公司盈余管理程度的提高。同样地，法律环境的提高与上市公司盈余管理程度的提高呈显著负相关关系，而且这种相关关系既存在正向盈余管理样本公司又存在负向盈余管理样本公司，法律环境的提高能够有效地抑制上市公司盈余管理程度的提高。分析师跟进和法律环境对于盈余管理程度的提高具有显著的抑制作用。但分析师和法律环境交互项只是在正向盈余管理样本公司显著正相关，这表明在法律环境提高并不显著的地区，分析师跟进人数的提高对于上市公司正向盈余管理程度的抑制效果更加显著。研究结果表明了分析师跟进人数的增多和法律环境的提高都能够有效地遏制上市公司盈余管理程度，分析师跟进和法律环境发挥了外部监督职能。

3.4.4　进一步讨论：分析师跟进的内生性问题

前述研究中发现，分析师跟进有效发挥了外部监管的作用，能够显著降低上市公司的正向盈余管理程度，但这种效应可能是分析师跟进内生性的原因造成的。一方面，分析师的跟进可能会受到上市公司的盈余管理行为影响，分析师更倾向于选择盈余管理程度较低的上市公司，因为这些公司的信息披露质量较高（Bushman et al., 2005）。另一方面，分析师的跟进并出具盈余预测报告，无形中给企业的盈余设定了一个参照，上市公司会迎合分析师的预测报告，致使上市公司盈余管理行为加剧，分析师跟进人数加剧了上市公司盈余管理程度。因此，分析师跟进对上市公司盈余管理的抑制作用可能源于内生性的影响，本章首先采用两阶段回归方法对分析师跟进的内生性影响进行控制，具体如式（3-6）和式（3-7）所示：

$$Follow_{i,t} = \alpha + \beta_1 Lev_{i,t} + \beta_2 Size_{i,t} + \beta_3 ROA_{i,t} + \beta_4 Growth_{i,t} + \beta_5 MB_{i,t}$$

$$+ \beta_6 EPS_{i,t} + \beta_j \sum Year_j + \beta_\eta \sum IND_\eta + Residual\_follow_{i,t} \quad (3-6)$$

$$DA = \alpha + \beta_1 Residual\_follow_{i,t} + \beta_2 Law_{i,t} + \beta_3 Residual\_follow \times Law_{i,t}$$

$$+ \beta_4 Lev_{i,t} + \beta_5 Size_{i,t} + \beta_6 ROA_{i,t} + \beta_7 Growth_{i,t} + \beta_8 MB_{i,t} + \beta_9 EPS_{i,t}$$

$$+ \beta_j \sum Year_j + \beta_\eta \sum IND_\eta + \varepsilon \quad (3-7)$$

表3-6列示了二阶段回归结果，结果仍然显示在控制了影响分析师跟进的其他变量后，分析师跟进与上市公司盈余管理程度呈显著负相关关系，而这种负相关关系主要表现在正向盈余管理的样本公司，分析师跟进对于上市公司的正向盈余管理发挥了监督作用。同样地，法律环境对于上市公司的正向盈余管理呈显著负相关关系，法律环境较完善的地区上市公司的正向盈余管理程度较低，在法律环境较差的地区，分析师跟进与上市公司的正向盈余管理程度更加负相关，表明分析师跟进在法律环境较差的地区的监督作用更加明显，其原因在于投资者保护法律环境越弱的地区，委托代理问题越严重，公司治理质量越低。分析师跟进作为公司治理的替代变量，有效地缓解了委托代理问题，有利于抑制上市公司正向盈余管理程度。

表 3 - 6　　　　　分析师跟进、法律环境和盈余管理二阶段回归结果

变量	|DA|	DA	DA > 0	DA < 0
Residual_follow	- 0.000562 * (- 2.02)	- 0.000785 * (- 2.36)	- 0.00131 *** (- 3.36)	- 0.000154 (- 0.47)
Law	- 0.000904 ** (- 2.68)	0.000533 (1.35)	- 0.00118 * (- 2.57)	0.000410 (0.99)
Residual_follow × Law	0.0000324 (1.41)	0.0000268 (0.99)	0.0000618 * (2.05)	- 0.0000249 (- 0.92)
lev	0.0113 *** (5.85)	0.0105 *** (4.57)	0.00754 *** (3.74)	- 0.0770 *** (- 7.04)
Size	- 0.00969 *** (- 6.54)	- 0.00453 ** (- 2.68)	- 0.0154 *** (- 7.42)	0.0110 *** (5.87)
ROA	0.361 *** (14.61)	0.672 *** (23.18)	0.738 *** (23.37)	0.241 *** (6.51)
GROWTH	- 0.0000134 (- 1.08)	0.00000603 (0.41)	- 0.0000217 (- 1.68)	- 0.0000717 (- 1.20)
MB	- 0.0251 ** (- 2.94)	0.0507 *** (5.00)	0.0383 ** (3.08)	0.0231 * (2.25)
EPS	- 0.0191 *** (- 4.66)	- 0.0151 ** (- 3.15)	- 0.0124 * (- 2.17)	- 0.0220 *** (- 4.28)
行业	控制	控制	控制	控制
年份	控制	控制	控制	控制
常数	0.268 *** (7.70)	- 0.000785 * (- 2.36)	0.347 *** (7.28)	- 0.255 *** (- 5.97)
N	5246	5246	2965	2281
F 值	22.70 ***	41.14 ***	36.01 ***	10.11 ***
调整后的 R^2	12.33%	14.97%	28.66%	11.96%

注：括号内是 t 值；* 、** 、*** 分别表示在 p 值 0.1、0.05、0.01 下显著。

更进一步地，本章参考和借鉴玉（Yu，2008）的研究方法，采用证券分析师隶属的证券公司规模作为工具变量，运用二阶段回归方法控制分析师跟

进与盈余管理之间的内生性问题。一般而言，证券公司的分析师人数应该随着公司规模的变化而变化，但证券公司的规模并不会受到特定上市公司盈余管理行为的影响。因此，本章采用证券公司规模作为分析师跟进的工具变量，构建了如式（3－8）和式（3－9）所示的公司被跟进数：

$$Exp\_follow_{ijt} = follow_{ijt-1} \times \frac{size\_sec_{jt}}{size\_sec_{jt-1}} \qquad (3-8)$$

$$Exp\_follow_{it} = \sum_{j=1}^{n} Expectedfollow_{ijt} \qquad (3-9)$$

其中：Exp_follow_{ijt} 为 i 家上市公司 t 年度被 j 证券公司跟进的预期人数，$follow_{ijt-1}$ 为第 j 家证券公司 $t-1$ 年度跟进第 i 家上市公司的人数，$size\_sec_{jt}$ 和 $size\_sec_{jt-1}$ 分别为第 j 家证券公司 t 年度和 $t-1$ 年度的资产规模。$Expected\_follow_{it}$ 为第 i 家上市公司 t 年度被所有证券公司跟进的预期人数。

表 3－7　　　　　　　　　控制了分析师跟进内生性后二阶段回归结果

变量	第一阶段 Follow	第二阶段			
		| DA |	DA	DA > 0	DA < 0
IV：Exp_follow	2. 388 *** (8. 25)				
Follow		− 0. 00222 * (− 2. 13)	0. 000146 (0. 12)	− 0. 00126 ** (− 2. 85)	0. 00192 (1. 48)
Law	− 0. 110 ** (− 2. 65)	− 0. 00122 ** (− 3. 28)	− 0. 00000831 (− 0. 02)	− 0. 00133 ** (− 2. 76)	0. 00104 (1. 85)
Follow × Law		0. 0005081 * (1. 92)	− 0. 0001279 (− 0. 44)	0. 0002022 ** (2. 58)	− 0. 0005633 (− 1. 63)
lev	− 0. 0663 (− 0. 29)	0. 00956 *** (4. 86)	0. 00890 *** (3. 89)	0. 00751 *** (3. 70)	− 0. 0419 * (− 2. 03)
Size	6. 506 *** (35. 67)	0. 00516 (0. 73)	− 0. 00576 (− 0. 70)	− 0. 00725 (− 0. 79)	− 0. 00539 (− 0. 49)
ROA	20. 72 *** (6. 71)	0. 516 *** (14. 91)	0. 702 *** (17. 38)	0. 761 *** (18. 78)	0. 111 * (2. 16)

续表

变量	第一阶段 Follow	第二阶段			
		|DA|	DA	DA > 0	DA < 0
GROWTH	− 0. 0002 (− 0. 11)	− 0. 00002 (− 1. 18)	− 0. 000009 (− 0. 59)	− 0. 0000222 (− 1. 71)	− 0. 0000575 (− 0. 90)
MB	− 12. 43 *** (− 11. 6)	− 0. 0387 * (− 2. 41)	0. 0388 * (2. 07)	0. 0214 (0. 97)	0. 0511 * (2. 01)
EPS	7. 34 *** (14. 77)	− 0. 00278 (− 0. 31)	− 0. 0235 * (− 2. 25)	− 0. 00239 (− 0. 19)	− 0. 0314 ** (− 2. 91)
年份	控制	控制	控制	控制	控制
行业	控制	控制	控制	控制	控制
常数	− 2. 02 *** (− 19. 8)	− 0. 00251 (− 0. 02)	0. 0962 (0. 62)	0. 229 (1. 35)	0. 0337 (0. 17)
样本量 N	4805	4805	4805	2752	2053
调整后的 R^2	44. 21%	11. 14%	17. 53%	29. 13%	13. 5%

注：括号内是 t 值；*、**、*** 分别表示在 p 值 0.1、0.05、0.01 下显著。

在计算出了各上市公司预期跟进数后，本章采用式（3 - 10）和式（3 - 11）所示的二阶段回归方程重新检验分析师跟进和法律环境与上市公司盈余管理程度之间的关系。

第一阶段回归模型如下：

$$Follow_{i,t} = \alpha + \beta_1 Expectedfollow_{i,t} + \beta_2 Lev_{i,t} + \beta_3 Size_{i,t} + \beta_4 ROA_{i,t} + \beta_5 Growth_{i,t}$$

$$+ \beta_6 MB_{i,t} + \beta_7 EPS_{i,t} + \beta_j \sum Year_j + \beta_\eta \sum IND_\eta + \varepsilon_{i,t} \qquad (3 - 10)$$

第二阶段回归模型如下：

$$DA = \alpha + \beta_1 Follow_{i,t} + \beta_2 Law_{i,t} + \beta_3 Lev_{i,t} + \beta_4 Size_{i,t} + \beta_5 ROA_{i,t} + \beta_6 Growth_{i,t}$$

$$+ \beta_7 MB_{i,t} + \beta_8 EPS_{i,t} + \beta_j \sum Year_j + \beta_\eta \sum IND_\eta + \varepsilon \qquad (3 - 11)$$

表 3 - 7 列示了采用工具变量后二阶段回归的结果，第一阶段回归结果显示，本章基于证券公司的规模变化构建了预期分析师数量的工具变量，该工

具变量与分析师跟进人数显著正相关，工具变量的构建是有效的。第二阶段回归结果显示，在控制了分析师跟进可能存在的内生性后，分析师跟进和法律环境较好地发挥了外部监督职能，有利于降低上市公司的盈余管理程度，而这种外部监督职能主要体现在上市公司的正向盈余管理层面。同样地，在法律环境较差的地区，分析师跟进与上市公司的正向盈余管理程度更加负相关，表明分析师跟进在法律环境较差的地区的监督作用更加明显，与前述研究结果保持了一致性。

3.5　本章小结

证券分析师作为资本市场中的信息中介，他们跟进上市公司，收集上市公司公开信息，对相关公司进行调研，撰写所跟进公司的研究报告，提供上市公司的盈余预测，并向其客户提供证券买卖建议，反映了资本市场对上市公司未来业绩和股价走势的看法，能够有效缓解上市公司和投资者之间存在的信息不对称程度，抑制上市公司的盈余管理行为。

本章基于2004～2010年分析师跟进并出具盈余预测研究报告的上市公司为研究样本，研究了作为外部公司治理机制的分析师跟进与法律环境抑制上市公司盈余管理行为。研究发现，分析师跟进与法律环境对于上市公司的正向盈余管理行为具有显著的抑制作用，但是对于上市公司的负向盈余管理的抑制作用并不显著。而当上市公司所处地区的投资者保护法律环境较弱的情况下，分析师跟进发挥了更强的外部监督作用，表现为分析师跟进与上市公司正向盈余管理程度更加负相关。

考虑到分析师跟进与盈余管理之间可能存在的内生性问题，本章采用二阶段回归方法和工具变量法重新检验了分析师跟进与法律环境和盈余管理之间的关系，研究结果表明，在控制了分析师跟进的内生性问题后，分析师跟进与法律环境同样发挥了外部公司治理的监督作用，两者分别与上市公司正向盈余管理程度显著负相关。在投资者保护法律环境较差的地区，分析师跟进与上市公司的正向盈余管理程度更加负相关，表明分析师跟进在投资者保护法律环境较差的地区监督作用更加明显。

为了研究结论的稳健性，本章还从时间角度研究分析了分析师跟进和投资者保护法律环境的变化对上市公司盈余管理程度变化的影响。研究结果表明，分析师跟进人数和投资者保护法律环境的提高不仅能够有效抑制上市公司正向盈余管理程度，而且能够有效抑制上市公司负向盈余管理程度，分析师跟进人数和投资者保护法律环境的提高显著抑制了上市公司盈余管理程度的提高。

本章的研究结论有助于我们更好地理解分析师跟进和法律环境的公司治理作用。我们发现分析师跟进和法律环境对于上市公司正向盈余管理程度的抑制作用非常显著，但是对于上市公司负向盈余管理程度的遏制作用并不是十分理想，这可能与市场对上市公司正向盈余管理行为要求较为严格，而默许上市公司负向盈余管理的不对称行为有关。这无疑对我国公司治理的实践能够有很好的启示作用，由于我国上市公司"一股独大"及内部人控制现象十分严重，中小股东参与公司经营决策程度非常低，对经理人的报酬激励机制还很不完善，致使我国公司的内部治理机制趋于一种失效的状态，因此监管机构可以将视角转向外部公司治理机制，提高投资者保护法律环境和培养分析师等中介机构的健康发展，有利于从外部监督上市公司，提高上市公司的信息披露质量，切实保护投资者利益。

第4章

分析师跟进、审计风险与审计费用

4.1 引　言

审计风险是审计定价的重要决定因素（Simunic，1980），审计费用实际上是企业与注册会计师在审计业务契约中双方达成的一项代理费用，一般包括审计固有成本、风险成本以及会计师事务所获取的正常利润三部分。一方面，随着企业经营风险的增加，公司管理层"粉饰"会计报表的动机增强，会计报表存在着重大错报的可能性增大，事务所就需要花费更多的审计资源，从而导致审计收费的增加；另一方面，企业经营风险的增加，公司陷入破产境地的概率增大，事务所潜在赔偿责任的可能性也就越大（Palmrose，1987），审计收费要求的风险补偿相应地提高。因此，当企业经营风险提高时，会计师事务所的审计收费增加，审计费用存在风险溢价（张天舒和黄俊，2013）。

为了应对经营风险导致的审计风险，注册会计师应当了解被审计单位及其环境，以足够识别和评估财务报表重大错报风险，设计和实施进一步审计程序，以便将审计风险降至可接受的低水平。如果根据职业判断认为从被审计单位外部获取的信息有助于识别重大错报风险，注册会计师应当实施其他审计程序以获取这些信息①。外部信息来源可能是分析师的报告或者资信评级报告，正式或非正式的评论或媒体消息（张建平和余玉苗，2013），而分析师的研究报告是审计人员可依赖借鉴的最为重要的外部信息来源之一（Haw et al.，2013），越来越受到审计人员的重视，如审计人员在考虑财务报告中是否存在舞弊迹象时，需要关注管理层为了影响分析师对被审计单位业绩和盈利能力的看法而操纵利润的情形②。

分析师收集和整理调研过程获取的私有信息以及上市公司公开披露的相关信息，与宏观层面和行业层面的相关信息比对，出具相应的分析研究报告。研究报告有利于审计人员更全面地了解上市公司的经营状况，有利于降低审计人员的审计风险，从而导致审计费用的下降。然而，有关分析师跟进与审计费用的文献可谓凤毛麟角。因此，本章研究的第一个主题是：作为资本市场的信息中介，分析师跟进是否能有效地降低审计风险，继而降低审计费用。西穆尼奇（Simunic，1980）通过构建多元线性回归模型对审计定价的影响因素进行了研究，发现审计师特征和被审计公司特征两类因素均与审计定价紧密相关。因此，本章研究的第二个主题是：分析师跟进与审计费用之间的关系是否也体现出分析师特征和审计师特征差异呢？

本章研究发现：（1）分析师跟进有利于降低上市公司的经营风险，减少注册会计师审计资源的耗费，降低审计费用，分析师跟进与审计费用显著负相关。进一步研究发现，受关注程度越高的明星分析师跟进与审计费用负相关关系更加显著。（2）分析师跟进只是提供了增量信息，分析师跟进与审

---

① 引自：《中国注册会计师审计准则第 1211 号——了解被审计单位及其环境并评估重大错报风险》第十条。

② 引自：《中国注册会计师审计准则第 1141 号——财务报表审计中对舞弊的考虑》第七十二条。

费用之间的负相关关系取决于会计师事务所和审计人员依赖分析师研究报告的程度，对于声誉机制较强的会计师事务所而言，由于其本身拥有较强的信息搜集、分析能力，依赖分析师研究报告的程度较低，分析师跟进降低审计费用的效应显著降低。

本章主要贡献在于：（1）以审计风险作为切入点，深入探讨分析师跟进的中介作用对审计师行为的影响，进而影响审计费用。研究发现，分析师跟进与审计费用显著负相关，这丰富和扩充了分析师跟进的文献。（2）本章通过信息中介——审计风险——审计费用这一分析路径，分别从分析师特征和事务所特征两方面探讨了分析师跟进影响审计费用的作用机制，表明分析师跟进影响审计费用的关键在于审计人员依赖分析师出具的研究报告程度。

4.2　研究假说的提出

与制度基础审计将审计重心置于公司内部控制风险不同，风险导向审计重心前移到公司外部环境和公司治理层面，并且认为公司治理缺陷是审计风险的集中来源（潘克勤，2008）。审计准则规定，审计人员必须深入了解公司治理及其环境，发现客户潜在经营风险及财务风险，评估发生重大错报的风险；以风险评估决定审计程序的性质、时间和范围，如果评估认为重大错报风险很高，则需要实施特别审计程序①。因此，客户的经营风险会显著影响审计投入的数量和质量，最终影响审计收费（邢立全、陈汉文，2013），经营风险越高审计证据的证明力就要越强，数量也要相对越多，所耗费的审计资源越多，

---

① 详见：《中国注册会计师审计准则第 1211 号——了解被审计单位及其环境并评估重大错报风险》。

事务所要求的审计收费越高。贝尔等（Bell et al.，2001）也发现，审计师在审计高经营风险客户时会投入更多的审计工作，并为此收取更高的审计费用。

分析师跟进在资本市场上扮演了外部公司治理的角色，分析师跟进人数越多，对上市公司的监督效应越强（Knyazeva，2007；Yu，2008；Chou，2010；Dyck et al.，2010）。一般而言，分析师具有良好的会计与财务知识，对行业的背景有较深的了解，分析师的跟进有利于经理层的经营行为的披露，使他们暴露于市场监管中（Bowen et al.，2002；Kimbrough，2005）。虽然分析师跟进无法直接影响企业的经营活动，但由于分析师的专业财务背景知识，比外部的非财务独立董事更能有效地监督上市公司的经理层，因此，分析师跟进有利于降低被审计单位的经营风险（Yu，2008），也能有效地降低公司管理层的机会盈余管理行为（Gotti et al.，2012），继而降低外部审计人员的审计风险。另一方面，分析师通过搜集公开信息和私有信息，可以减少财务报告的不确定性和管理层与投资者之间的信息不对称程度，从而降低信息风险，导致审计风险的下降（Haw et al.，2013）。因此，从公司治理的角度看，分析师跟进被视为有效的外部公司治理机制，有利于降低审计风险。上市公司被分析师跟进后，审计人员针对目标拟开展的审计范围可以适当缩小，审计工作量可以适当减少，所耗费的审计资源较少，要求的风险溢价越低，审计费用越低。

此外，分析师的分析工作包括宏观经济分析、行业分析、市场分析和公司分析等多个方面，运用熟练的技能提炼加工通过各种渠道获取的公开信息和私有信息，对公司财务报告透彻的解读和挖掘，并通过电视、报纸等媒体向客户提供研究报告，分析师关注度越高的上市公司，在多重交织的信息渠道覆盖下，其真实面貌越会被更全面、多角度地揭示和解读（潘越，2011），因此分析师跟进行为被视为上市公司管理行为的放大镜（Knyazeva，2007）。分析师的中介作用有利于提高上市公司的信息传递速度和广度，致使信息搜集能力较差的信息使用者能够及时获取上市公司信息。因此，分析师跟进人数越多，上市公司经营状况信息传播的速度越快，范围越快。这有利于审计人员更方便有效地获取更多的审计证据，能够有效地节约审计资源，降低审计成本。综上所述，本章提出第一个研究假设：

研究假设 1：在控制其他因素后，分析师跟进与审计费用显著负相关。

朱红军等（2007）研究发现，分析师出具的研究报告能够有效地反映公司特质信息，降低了投资者和上市公司之间的信息不对称，但这种效应会受到分析师声誉差异的影响而有所不同（万丽梅和逯东，2013）。一般而言，影响分析师盈余预测精确度的因素主要有两方面：一是被预测客体，如上市公司的规模、发展速度、盈余质量、信息披露质量和机构持股比例等（姜国华，2004；郑亚丽和蔡祥，2008）；二是预测主体，如分析师自身素质和预测能力，包括对宏观政策信息、行业背景信息及公司基本面信息的解析能力和利用能力，对各方面未来趋势的把握能力等。

相对于一般分析师，明星分析师从业经验较丰富，具有更强的信息处理能力，其出具的研究报告具有更高的准确度。斯蒂克尔（1992）研究发现，相对于非明星分析师，明星分析师盈余预测更为准确，并且预测频率更高；汪弘等（2013）也发现，与一般分析师相比，《新财富》选出的明星分析师发布的研报会获得更高的市场超额收益。

分析师声誉是随着分析师自身经验的增长、技术的娴熟以及良好的执业道德操守记录逐渐积累起来的。从发展的轨迹看，这是一个从公司内部到客户再到社会上被广泛认同的过程（胡奕明和金洪飞，2006）。由于证券市场竞争激烈，证券公司等金融机构的声誉资本具有不可挽回性，使得他们通常十分注重维护和提高声誉资本的价值，以保证未来收益。声誉反过来也会强化分析师的影响力，同时明星分析师的专业水准使得其预测具有更多的增量信息（汪弘等，2013）。因此，相对于一般分析师，明星分析师出具的研究报告的准确性越高，审计人员对其的依赖程度更高。基于此，本章提出研究假设2：

研究假设 2：与非明星分析师跟进相比，明星分析师跟进与审计费用负相关关系更加显著。

事实上，证券分析师出具的研究报告只是给资本市场带来增量信息，其对资本市场的影响程度取决于市场参与者依赖分析师研究报告的程度。审计人员对研究报告的使用程度和依赖程度的不同会影响分析师跟进与审计费用之间的关系。西穆尼奇（Simunic，1980）通过构建多元线性回归模型对审计定价的影响因素进行了研究，发现审计师特征和被审计公司特征两类因素均与审计定价紧密相关。不同类型的事务所，其执业能力、执业理念存在差异，不同规模事务所对于公司治理风险敏感程度不同，风险溢价定价策略不同。大型事务所拥有雄厚的人力资源以及不同行业的执业积累和交流优势，其自身也拥有较强的分析能力，也可能具有更多的信息来源，其对分析师跟进并签发的研究报告所提供信息的依赖程度较低（Haw et al.，2013）。一般而言，"四大"等信息自给能力较强的会计师事务所拥有更多的行业专家数量以及更强的分析能力（Salterio and Denham，1997），其依赖分析师研究报告的程度较低，分析师跟进降低审计费用的作用较弱。基于此，本章提出研究假设 3：

研究假设 3：与信息自给能力不足的事务所相比，信息自给能力较强的事务所能够削弱分析师跟进与审计费用的负相关关系。

4.3　数据来源及研究设计

4.3.1　研究样本与数据来源

本章选取沪深 A 股主板市场（不含创业板）2007 ～ 2012 年非金融类上市

公司。样本筛选过程为：（1）剔除审计费用数据缺失的上市公司；（2）剔除具体审计人员数据缺失的上市公司；（3）剔除中国注册会计师协会公布的100强会计师事务所名单以外的会计师事务所审计的上市公司；（4）剔除财务数据缺失的上市公司。执行上述筛选过程后共收集到8435个样本数据。本章数据来源于CSMAR数据库、CCER数据库、WIND数据库，个别数据进行了手工收集，收集源于巨潮资讯和证券时报网站的年度财务报告。本章主要使用统计分析软件Stata10.0和SPSS15.0来处理相关数据并进行后续的计量分析。

4.3.2　模型设计与变量定义

根据本章的研究假设，拟采用多元回归方程检验分析师跟进对审计费用的影响，以及分析师跟进与审计费用之间的关系在不同分析师以及不同类型的会计师事务所之间的差异，具体模型如式（4-1）~式（4-3）所示：

$$lnFee = \alpha + \beta_1 Follow_t + \beta_2 lnAsset_t + \beta_3 Lev_t + \beta_4 ROA_t + \beta_5 Loss_t + \beta_6 RECV_t$$
$$+ \beta_7 INV_t + \beta_8 lnAge_t + \beta_9 Big10_t + \beta_{10} Audnum_t + \beta_{11} Degree_t + \beta_{12} Spec_t$$
$$+ \beta_{13} Opinion_t + \beta_{14} Audch_t + \beta_{15} Loc_t + \sum Ind + \sum Year + \varepsilon \qquad (4-1)$$

其中，被解释变量 *lnfee* 为上市公司审计费用的自然对数，解释变量 *Follow* 为分析师跟进，本章分别采用分析师是否跟进数量以及分析师跟进数量加1后的自然对数来度量。

同时，为了控制其他变量对被解释变量的影响，本章参考高帝等（Gotti et al.，2012）、张天舒和黄俊（2013）的做法，增加了以下控制变量：

（1）资产规模（*Asset*），采用上市公司资产规模的自然对数来衡量。

（2）资产负债率（*Lev*），采用上市公司当年度负债总额与资产总额的比值来度量。

（3）资产收益率（*ROA*），采用上市公司当年度净利润与资产总额的比来度量。

（4）亏损状态（*Loss*），若公司的净利润为负，则为1，否则为0。

（5）应收账款金额（*RECV*），采用上市公司当年度应收账款期末余额与总资产比值来度量。

（6）存货金额（*INV*），采用上市公司当年度存货期末余额与总资产比值来度量。

（7）上市公司年龄（*lnAge*），采用上市公司上市年龄的自然对数来度量。

（8）事务所声誉（*Big*10），若会计师事务所当年度综合评价排名位列前10位，则为1，否则为0①。

（9）会计师事务所规模（*Audnum*）：采用会计师事务所当年度拥有的审计人员数量的自然对数来度量。

（10）审计人员学历（*Degree*），若签字审计人员的学历为博士学位，则为3，硕士学位则为2，本科学历则为1，其他学历为0，取所有签字审计人员学历的均值来度量②。

（11）事务所行业专长（*Spec*）。当审计师的行业市场份额 *IMS* 大于或等于10%时，*Spec* 为1，否则为0。行业市场份额的计算，借鉴泽夫和福萨姆（Zeff and Fossum，1967）的方法。泽夫和福萨姆（1967）采用特定审计师在某一行业中的客户数值占全部审计师在该行业的客户数值来衡量审计师行业专长。具体的计算方法如下：

$$IMS_{ik} = \sum_{J=1}^{J_{ik}} Assets_{ijk} / \sum_{i=1}^{I_k} \sum_{j=1}^{J_{ik}} Assets_{ijk}$$

---

① 数据手工收集于中国注册会计师协会网站事务所综合评价排名，http：//www. cicpa. org. cn/Column/swszhpm/.

② 数据手工收集于中国注册会计师行业管理信息系统网站，http：//cmis. cicpa. org. cn/cicpa2_web/public/query0/2/00. shtml.

其中：IMS_{ik} 为审计师 i 所在 k 行业的行业市场份额；$Assets_{ijk}$ 为审计师 i 当年度审计客户 k 行业的 j 上市公司的资产总额的平方根。

（12）审计意见（$Opinion$），若当年度出具的审计意见为标准无保留意见，则为 1，否则为 0。

（13）审计人员变更（$Audch$），若当年度上市公司签字注册会计师发生了 1 位人员变更，则为 1，发生了 2 位人员变更，则为 2，发生了 3 位人员变更，则为 3，否则为 0。

（14）公司注册地（Loc），若公司的注册地与会计师事务所所在省（区市）一致，则为 1，否则为 0。

（15）行业控制变量（Ind），按照证监会的行业分类，首先分为 11 大类；其次，由于制造业中各中类之间也存在着很大的差异性，因此制造业按照中类进行分类。在剔除了金融保险行业，以及只有 14 家上市公司的传播与文化产业和只有 6 家的制造业中的木材、家具产业类行业，共分成了 19 个行业，因此，本章设置了 18 个虚拟变量。

（16）年度控制变量（$Year$），本章样本期间为 2007～2012 年，设置了 5 个虚拟变量。

针对研究假设 2，分析师特征对分析师跟进与审计费用的相关关系。

$$lnFee = \alpha + \beta_1 Follow_t + \beta_2 Follow_t \times Star_t + \beta_3 lnAsset_t + \beta_4 Lev_t + \beta_5 ROA_t$$
$$+ \beta_6 Loss_t + \beta_7 RECV_t + \beta_8 INV_t + \beta_9 lnAge_t + \beta_{10} Big10_t + \beta_{11} Audnum_t$$
$$+ \beta_{12} Degree_t + \beta_{13} Spec_t + \beta_{14} Opinion_t + \beta_{15} Audch_t + \beta_{16} Loc_t + \sum Ind$$
$$+ \sum Year + \varepsilon \qquad\qquad (4-2)$$

其中：$Star$ 为明星分析师跟进，若上市公司当年度被入选了《新财富》明星分析师榜单的分析师跟进，则为 1，否则为 0。

针对研究假设 3，从信息需求方会计师事务所的角度来进一步研究分析师跟进与审计费用之间的关系，本章选择了事务所的声誉、事务所拥有的注册会计师人员以及事务所的行业专长作为衡量事务所信息自给能力的代理变量，增加了分析师跟进与事务所信息自给能力的交乘项，具体如回归模型 3 所示：

$$lnFee = \alpha + \beta_1 Follow_t + \beta_2 Follow_t \times Factor_t + \beta_3 lnAsset_t + \beta_4 Lev_t + \beta_5 ROA_t$$

$$+ \beta_6 Loss_t + \beta_7 RECV_t + \beta_8 INV_t + \beta_9 lnAge_t + \beta_{10} Big10_t + \beta_{11} Audnum_t$$

$$+ \beta_{12} Degree_t + \beta_{13} Spec_t + \beta_{14} Opinion_t + \beta_{15} Audch_t + \beta_{16} Loc_t + \sum Ind$$

$$+ \sum Year + \varepsilon \qquad\qquad (4-3)$$

其中：$Factor_t$ 为事务所信息自给能力的替代变量，具体包括：

（1）事务所声誉（$Big10$），若会计师事务所当年度综合评价排名位列前 10 位，则为 1，否则为 0。

（2）会计师事务所规模（$Audnum$）：采用会计师事务所当年度拥有的审计人员数量的自然对数来度量。

（3）事务所行业专长（$Spec$）。当审计师的行业市场份额 IMS 大于或等于 10% 时，$Spec$ 为 1，否则为 0。

4.4　实证结果与分析

4.4.1　描述性统计分析

本章根据上述研究模型所涉及的主要变量，计算了各样本的描述性统计量，结果如表 4-1 所示。

表 4 - 1

样本公司相关变量描述性统计

变量名	平均数	中位数	标准差	最小值	最大值	25 分位	75 分位
Auditfee	1085190	550000	3336894	10000	8000000	400000	850000
lnFee	13.3691	13.2177	0.7436	9.2103	18.1975	12.8992	13.6530
Follow	15.6756	8	19.3818	0	133	1	25
lnAsset	21.7082	21.5896	1.3662	10.8422	28.4052	20.8515	22.4540
Lev	0.6214	0.4917	3.0510	0.0000	142.7178	0.3216	0.6437
ROA	0.0285	0.0366	0.8378	-51.9468	7.6960	0.0136	0.0663
Loss	0.1007	0	0.3009	0	1	0	0
RECV	0.0899	0.0630	0.0906	0	0.6064	0.0182	0.1349
INV	0.1736	0.1333	0.1618	0	0.9426	0.0657	0.2205
Lnage	9.3733	10	5.3168	0	22	5	14
Big10	0.4085	0	0.4916	0	1	0	1
Audnum	529.4107	417	383.8312	60	1431	174	832
Degree	0.7898	1	0.4651	0	2.5	0.5	1
Spec	0.1342	0	0.3409	0	1	0	0
Opinion	0.9452	1	0.2275	0	1	1	1
Audch	0.8575	1	0.7576	0	3	0	1
Loc	0.3446	0	0.4753	0	1	0	1

　　如表 4 - 1 所示，样本公司审计费用（Auditfee）的均值为 1085190 元，中位数为 550000 元，样本受到极大值影响程度较严重，对其取自然对数后，审计费用（lnFee）的均值为 13.3691，中位数为 13.2177，样本的分布情况较好。分析师跟进（Follow）的平均值为 15.6756，上市公司年度内平均被 15.6756 位分析师跟进并发布研究报告，但样本公司年度被分析师跟进的中位数只有 8 人次，最小值为 0，最大值为 133 人，样本的分布呈现出较明显的左偏现象。样本公司资产规模取对数后（Size）均值为 21.7082，中位数为 21.5896，样本公司资产规模分布情况较理想。样本公司的资产回报率（ROA）的均值为 2.85%，中位数为 3.66%，但其最小值为 - 51.9468，最大值为 7.6960，两者相差较大，容易受到极值的影响。亏损状态（Loss）变量的均值为 10.07%，表明样本公司中有 10.07% 为亏损上市公司。应收账款变量的均值为 0.0899，表明样本公司的应收账款占总资产的比重为 8.99%；存货变量的均值为 0.1736，表明样本公司的存货占总资产的比重为 17.36%。上市年龄（Age）的均值为 9.3733 年，表明样本公司整体上市年龄较长，前十大事务所（Big10）变量均值为 0.4085，表明对样本公司出具审计报告的事务所位列中注协综合排名前十位的比例为 40.85%，这一定程度上说明了我国审计市场存在一定的垄断性。而对样本公司出具审计报告的事务所其所拥有的注册会计师人员变量（Audnum）的均值为 529.4107 人，最大值为 1431 人，最小值为 60 人，两者相差较大。签字注册会计师的学历（Degree）的均值为 0.7898，表明我国注册会计师的学历大部分为本科及以下学历，样本公司的审计师具有行业特长的比例 13.42%，样本公司被出具审计意见中有 94.52% 为标准审计意见。样本公司的注册地与会计师事务所注册地为一致（Loc）的比例为 34.46%。总体而言，样本公司特征变量总体分布情况较好，但某些连续变量存在极端的异常值，后续回归处理时将对上述连续变量进行 1% 数值的缩尾（Winsorized）处理。

4.4.2 回归分析结果

基于混合数据采用最小二乘法对分析师跟进与审计费用之间的关系进行研究，回归结果如表4-2所示，其中模型1检验分析师是否跟进对审计费用的影响，模型2检验分析师跟进数量对审计费用的影响。

表4-2 分析师跟进与审计费用之间关系回归结果

N = 8435	模型1：分析师是否跟进 (0-1变量)		模型2：分析师跟进数量 [1+ln(跟进人数)]	
	系数	t 值	系数	t 值
Follow	-0.0951 ***	-6.90	-0.0144 ***	-3.04
lnAsset	0.417 ***	87.73	0.415 ***	78.08
lev	0.0242 ***	11.82	0.0242 ***	11.79
ROA	0.0000147	0.62	0.0000144	0.61
Loss	0.0596 ***	3.26	0.0639 ***	3.46
RECV	0.184 ***	2.69	0.182 ***	2.65
INV	-0.217 ***	-5.21	-0.230 ***	-5.52
Lnage	0.00299 ***	2.79	0.00284 ***	2.59
*Big*10	0.301 ***	17.63	0.301 ***	17.59
Audnum	-0.000205 ***	-7.83	-0.000202 ***	-7.70
Degree	0.0984 ***	5.58	0.0938 ***	5.31
Spec	0.0769 ***	6.94	0.0773 ***	6.97
Opinion	-0.0256 ***	-3.76	-0.0256 ***	-3.75
Audch	-0.312 ***	-12.21	-0.331 ***	-13.00
Loc	0.0833 ***	7.13	0.0857 ***	7.33
常数	4.483 ***	43.34	4.505 ***	39.81
年度	控制		控制	
行业	控制		控制	
调整后的 R^2	60.00%		59.81%	
F 值	317.22 ***		314.82 ***	

注：*** 表示在1%水平上统计显著。

　　从上述 2 个模型中可以看出，经调整后的 R^2 约为 60% 左右，F 值也都通过了 1% 显著性水平的检验，模型的整体拟合度较好。模型 1 回归结果显示，分析师是否跟进与审计费用显著负相关，这一结果表明，分析师跟进有助于审计师更好地理解上市公司的行业现状和发展前景，降低其审计风险，从而降低审计费用，与不存在分析师跟进的上市公司相比，分析师跟进能够降低审计费用的比例为 9.51%。模型 2 回归结果显示，分析师跟进数量与审计费用显著负相关，结果表明，随着分析师跟进数量的增加，上市公司的公开信息和私有信息被详细解读的可能性就越大，越有利于降低上市公司与审计人员之间的信息不对称程度，审计人员的审计风险越低，从而降低了审计费用。

　　控制变量方面，上市公司资产规模、资产负债率、应收账款占总资产的比重与审计费用显著正相关，表明上市公司规模越大，资产负债率越高，应收账款比重越大，审计人员需要分配的审计资源越多，审计费用越高。同时，本章还发现，前十大会计师事务所以及审计人员学历与审计费用显著正相关，这表明由于声誉机制的存在，前十大会计师事务所和受教育程度较高的审计人员的声誉越高，其收费越高。同样地，行业专长与审计费用显著正相关，表明具有行业专长的事务所会要求较高的风险溢价。上市公司年龄以及上市公司所在地与审计费用同样显著正相关，表明上市公司年限越长，上市公司与会计师事务所注册地一致的情况下，会计师事务所收取的审计费用越高。上市公司的存货占总资产的比重、事务所审计人员数量以及审计人员变更、标准审计意见等变量都与审计费用显著负相关。

　　上述研究发现，分析师跟进有利于降低审计风险，从而导致审计费用的下降。但是不同类型的分析师出具的研究报告的质量存在一定的差异，相对而言，明星分析师的研究报告准确性更高。那么不同类型的分析师对于分析师跟进与审计费用之间的关系是否会发生显著的差异呢？本章对此进行相关的研究，回归结果如表 4 - 3 所示。

表4-3　　　　　　　　分析师特征、分析师跟进与审计费用回归结果

N = 8435	模型1：分析师是否跟进 (0-1变量)		模型2：分析师跟进数量 [1 + ln(跟进人数)]	
	系数	t 值	系数	t 值
Follow	- 0.0776 ***	- 4.61	- 0.00654	- 1.28
Follow × Star	- 0.0258 *	- 1.80	- 0.0231 ***	- 4.19
lnAsset	0.413 ***	84.37	0.413 ***	77.46
lev	0.0241 ***	11.76	0.0242 ***	11.76
ROA	0.0000147	0.62	0.0000144	0.61
Loss	0.0622 ***	3.38	0.0667 ***	3.62
RECV	- 0.213 ***	- 5.10	- 0.222 ***	- 5.33
INV	0.00325 ***	3.01	0.00306 ***	2.79
Lnage	0.301 ***	17.59	0.301 ***	17.58
Big10	- 0.000206 ***	- 7.88	- 0.000205 ***	- 7.83
Audnum	0.0989 ***	5.61	0.0960 ***	5.44
Degree	0.0770 ***	6.95	0.0778 ***	7.02
Spec	- 0.0256 ***	- 3.76	- 0.0256 ***	- 3.76
Opinion	- 0.312 ***	- 12.20	- 0.328 ***	- 12.90
Audch	0.0829 ***	7.10	0.0844 ***	7.22
Loc	4.524 ***	42.74	4.541 ***	40.05
常数	- 0.0776 ***	- 4.61	- 0.00654	- 1.28
年度	控制		控制	
行业	控制		控制	
调整后的 R^2	60.01%		59.89%	
F 值	309.64 ***		308.18 ***	

注：***、* 分别表示在1%、10% 水平上统计显著。

表4-3的回归结果表明，分析师跟进与明星分析师的交乘项（Follow × Star）显著负相关，这表明相对于一般分析师而言，明星分析师的跟进能够加强分析师跟进与审计费用之间的负相关关系。这表明，明星分析师从业经验较丰富，具有更强的信息处理能力，其出具的研究报告具有更高的准确度，审计师对其的依赖程度更高。

前述研究发现，分析师跟进有利于降低审计风险，从而导致审计费用的下降。然而，证券分析师出具的研究报告只是给资本市场带来增量信息，其对资本市场的影响程度取决于市场参与者依赖分析师研究报告的程度。因此，如果会计师事务所自身对上市公司拥有较强的信息来源或者分析能力，或者审计人员自身能够对上市公司的信息进行分析处理的话，事务所就不需要分析师的研究报告，那么基于分析师研究报告所提供的增量信息对审计费用的降低就没有效果。对此，本章对此作进一步的研究。

表 4 - 4 的回归结果表明，分析师跟进与事务所拥有的 CPA 人员的交乘项（$Follow \times Audnum$）、分析师跟进与前十大事务所的交乘项（$Follow \times Big10$）以及分析师跟进与行业专长的交乘项（$Follow \times Spec$）都显著正相关，这表明相对于拥有 CPA 人数较多、前十大以及具有行业专长等信息自给能力较强的事务所而言，分析师跟进对审计费用的降低效应被削弱了。这一结果表明，分析师跟进降低审计风险的作用主要集中在中小型会计师事务所。导致这一结论的原因是，相对于中小型会计师事务所，大型会计师事务所拥有更多的信息来源渠道，以及相关的行业专家，对相关信息拥有较强的分析能力，因此依赖于证券分析师的研究报告进行风险评估的程度较低。

表 4 - 4　　　　　　　分析师跟进、事务所特征与审计费用回归结果

$N = 8435$	模型1：分析师是否跟进（0 - 1 变量）			模型2：分析师跟进数量[1 + ln(跟进人数)]		
$Follow$	- 0. 129 *** (- 6. 21)	- 0. 140 *** (- 8. 65)	- 0. 0919 *** (- 6. 48)	- 0. 0335 *** (- 4. 70)	- 0. 0416 *** (- 7. 49)	- 0. 0180 *** (- 3. 69)
$Follow \times Audnum$	0. 0000695 ** (2. 18)			0. 0000343 *** (3. 58)		
$Follow \times Big10$		0. 136 *** (5. 27)			0. 0696 *** (9. 34)	
$Follow \times Spec$			0. 0431 * (1. 96)			0. 0387 *** (3. 38)

续表

N = 8435	模型 1：分析师是否跟进 (0 - 1 变量)			模型 2：分析师跟进数量 [1 + ln(跟进人数)]		
lnAsset	0. 417 *** (87. 70)	0. 416 *** (87. 46)	0. 418 *** (87. 70)	0. 415 *** (78. 01)	0. 410 *** (77. 14)	0. 414 *** (77. 51)
lev	0. 0241 *** (11. 79)	0. 0242 *** (11. 85)	0. 0241 *** (11. 79)	0. 0241 *** (11. 73)	0. 0241 *** (11. 79)	0. 0243 *** (11. 84)
ROA	0. 0000149 (0. 63)	0. 0000171 (0. 73)	0. 0000151 (0. 64)	0. 0000147 (0. 62)	0. 0000175 (0. 74)	0. 0000130 (0. 55)
Loss	0. 0580 *** (3. 16)	0. 0583 *** (3. 19)	0. 0600 *** (3. 27)	0. 0610 *** (3. 31)	0. 0606 *** (3. 30)	0. 0632 *** (3. 43)
RECV	0. 182 *** (2. 66)	0. 178 *** (2. 60)	0. 183 *** (2. 67)	0. 180 *** (2. 62)	0. 173 ** (2. 54)	0. 184 *** (2. 69)
INV	− 0. 219 *** (− 5. 26)	− 0. 216 *** (− 5. 21)	− 0. 217 *** (− 5. 22)	− 0. 230 *** (− 5. 53)	− 0. 225 *** (− 5. 43)	− 0. 230 *** (− 5. 52)
Lnage	0. 00290 *** (2. 71)	0. 00300 *** (2. 80)	0. 00289 *** (2. 69)	0. 00275 ** (2. 50)	0. 00293 *** (2. 68)	0. 00324 *** (2. 93)
Big10	0. 301 *** (17. 62)	0. 193 *** (7. 21)	0. 301 *** (17. 63)	0. 301 *** (17. 61)	0. 155 *** (6. 68)	0. 302 *** (17. 67)
Audnum	− 0. 000257 *** (− 7. 27)	− 0. 0002 *** (− 7. 63)	− 0. 0002 *** (− 7. 85)	− 0. 00027 *** (− 8. 34)	− 0. 00019 *** (− 7. 42)	− 0. 00019 *** (− 7. 58)
Degree	0. 0766 *** (6. 92)	0. 0761 *** (6. 89)	0. 0769 *** (6. 94)	0. 0767 *** (6. 92)	0. 0747 *** (6. 77)	0. 0771 *** (6. 95)
Spec	0. 0949 *** (5. 36)	0. 0919 *** (5. 20)	0. 136 *** (3. 16)	0. 0906 *** (5. 13)	0. 0882 *** (5. 01)	− 0. 000730 (− 0. 02)
Opinion	− 0. 0255 *** (− 3. 74)	− 0. 0255 *** (− 3. 76)	− 0. 0255 *** (− 3. 75)	− 0. 0251 *** (− 3. 69)	− 0. 0246 *** (− 3. 63)	− 0. 0258 *** (− 3. 79)
Audch	− 0. 312 *** (− 12. 20)	− 0. 309 *** (− 12. 10)	− 0. 313 *** (− 12. 22)	− 0. 329 *** (− 12. 94)	− 0. 321 *** (− 12. 64)	− 0. 328 *** (− 12. 86)
Loc	0. 0840 *** (7. 20)	0. 0843 *** (7. 23)	0. 0828 *** (7. 08)	0. 0869 *** (7. 43)	0. 0892 *** (7. 67)	0. 0870 *** (7. 44)
常数	4. 513 *** (43. 26)	4. 543 *** (43. 72)	4. 479 *** (43. 24)	4. 547 *** (39. 99)	4. 646 *** (40. 90)	4. 540 *** (39. 98)
年度	控制	控制	控制	控制	控制	控制
行业	控制	控制	控制	控制	控制	控制
调整后的 R²	60. 01%	60. 12%	60. 0%	59. 87%	60. 22%	59. 86%
F 值	309. 73 ***	311. 14 ***	309. 50%	307. 89 ***	312. 42 ***	307. 80 ***

注：括号中为 t 值；*** 、** 、* 分别表示在 1%、5%、10% 水平上统计显著。

4.4.3　稳健性分析

（1）分析师跟进的内生性问题。

前述研究中发现，分析师跟进有效发挥了信息中介作用，能够显著降低上市公司的审计风险，分析师跟进与审计费用显著负相关，但这种负相关关系可能受到分析师跟进的内生性影响。分析师的跟进可能会受到上市公司的信息披露质量的影响，上市公司信息披露质量越高，分析师跟进数量越多（Bushman et al.，2005），而信息披露质量的高低会影响到审计人员执行实质性测试的范围，从而影响收取的审计费用。因此，分析师跟进对审计费用的降低效应可能源于内生性的影响，本章首先采用两阶段回归方法对分析师跟进的内生性影响进行控制，具体如式（4－4）和式（4－5）所示：

$$Follow_t = \alpha + \beta_1 Disc + \beta_2 \ln Asset_t + \beta_3 Lev_t + \beta_4 ROA_t + \beta_5 Loss_t + \beta_6 RECV_t$$

$$+ \beta_7 INV_t + \beta_8 \ln Age_t + \beta_9 Big10_t + \beta_{10} Audnum_t + \beta_{11} Degree_t$$

$$+ \beta_{12} Spec_t + \beta_{13} Opinion_t + \beta_{14} Audch_t + \beta_{15} Location_t + \sum Ind$$

$$+ \sum Year + Rseidual\_\ Follow_{i,t} \qquad (4-4)$$

$$lnFee = \alpha + \beta_1 Residual\_follow_t + \beta_2 \ln Asset_t + \beta_3 Lev_t + \beta_4 ROA_t + \beta_5 Loss_t$$

$$+ \beta_6 RECV_t + \beta_7 INV_t + \beta_8 \ln Age_t + \beta_9 Big10_t + \beta_{10} Audnum_t$$

$$+ \beta_{11} Degree_t + \beta_{12} Spec_t + \beta_{13} Opinion_t + \beta_{14} Audch_t + \beta_{15} Location_t$$

$$+ \sum Ind + \sum Year + \varepsilon \qquad (4-5)$$

其中：信息披露质量（Disc），国内文献对此主要采用深交所的评级指数来度量，但采用深交所的评级指数将致使上交所的样本量删除，大样本量的缺失可能会导致研究结论的偏误。对此，本章参考周开国等（2011）的做法，采用金和弗雷基亚（Kim and Verrecchia，2001）度量信息披露质量的方法

（以下称为 KV 度量法），其原理是当信息披露越不充分时，投资者对交易量信息的依赖程度就越大，同时对信息披露的依赖程度就越小；相反，当信息披露质量提高时，投资者对交易量信息的依赖程度降低，对信息披露的依赖程度提高，使得收益率对交易量的斜率系数减小。这个斜率系数反映了市场对交易量信息的依赖程度，同时也反映了公司信息披露程度，与信息披露质量呈反比。为了符合日常的表达习惯，本章对该变量乘以（ -10^7 ）来度量信息披露质量（ *Disc* ），调整后的信息披露质量（ *Disc* ）数值越大，上市公司信息披露质量越高。

表 4 – 5 列示了二阶段回归结果，回归结果表明，在控制了信息披露质量及其他影响分析师跟进的变量后，分析师跟进与审计费用仍然表现为显著负相关关系，表明在控制分析师跟进的内生性后，分析师跟进仍然起着信息中介的作用，有利于降低审计风险，从而导致审计费用的下降。

表 4 – 5　　　　　　　　　分析师跟进与审计费用二阶段回归结果

N = 8435	模型 1：分析师是否跟进 （0 – 1 变量）		模型 2：分析师跟进数量 [1 + ln(跟进人数)]	
	系数	t 值	系数	t 值
Residual_follow	– 0. 0987 ***	（ – 7. 13）	– 0. 0155 ***	（ – 3. 25）
lnAsset	0. 407 ***	（90. 46）	0. 407 ***	（90. 24）
Lev	0. 0237 ***	（11. 61）	0. 0237 ***	（11. 58）
ROA	0. 0000146	（0. 62）	0. 0000146	（0. 62）
Loss	0. 0711 ***	（3. 90）	0. 0711 ***	（3. 89）
RECV	0. 178 ***	（2. 60）	0. 178 ***	（2. 60）
INV	– 0. 226 ***	（ – 5. 44）	– 0. 226 ***	（ – 5. 42）
Lnage	0. 00363 ***	（3. 40）	0. 00363 ***	（3. 39）
*Big*10	0. 300 ***	（17. 55）	0. 300 ***	（17. 51）
Audnum	– 0. 000201 ***	（ – 7. 70）	– 0. 000201 ***	（ – 7. 68）
Degree	0. 0774 ***	（6. 99）	0. 0774 ***	（6. 97）

续表

N = 8435	模型 1：分析师是否跟进 (0 - 1 变量)		模型 2：分析师跟进数量 [1 + ln(跟进人数)]	
	系数	t 值	系数	t 值
Spec	0.0918 ***	(5.21)	0.0918 ***	(5.20)
Opinion	− 0.335 ***	(− 13.20)	− 0.335 ***	(− 13.17)
Audch	− 0.0255 ***	(− 3.74)	− 0.0255 ***	(− 3.73)
Loc	0.0866 ***	(7.43)	0.0866 ***	(7.41)
常数	4.664 ***	(46.61)	4.664 ***	(46.50)
年度	控制		控制	
行业	控制		控制	
调整后的 R^2	43.21%		59.82%	
F 值	161.41 ***		314.90 ***	

注：*** 、** 、* 分别表示在 1% 、5% 、10% 水平上统计显著。

（2）审计费用的管制问题。

目前我国审计收费标准主要是依据各地行业管理部门所制定的标准，因此各地在制定审计收费的标准上也必然会考虑到当地的经济水平，审计费用体现出地区的差异性。一般来说，经济发达地区的物价水平较高，因此经济发达地区的审计费用标准很可能高于不发达地区。对此，本章按照各省区市的 GDP 进行排名，若上市公司处于 GDP 中位数以上的省份（区市），则为发达地区；否则为欠发达地区。对样本进行分组回归检验，划分为发达地区和欠发达地区分组检验的回归结果显示，分析师跟进与审计费用仍然显著负相关，且这种关系并不受地区差异的影响，表明分析师跟进发挥了信息中介作用，有利于降低审计风险，继而降低审计费用。

（3）采用滞前一期的分析师跟进作为解释变量进行回归分析。

由于审计费用的确定往往在签订审计业务约定书时就确定，审计业务约定书的内容应当包括审计收费的计算基础和收费安排。而审计业务约定书的

签订时间在年度初期，因此审计人员在了解被审计单位环境时更多依赖于上
年度分析师出具的研究报告。对此，本章采用上年度分析师跟进来重新检验，
回归结果与前述研究结果保持一致。

（4）删除交叉上市公司重新回归。

由于交叉上市公司面临双重审计，可能会对本章结果产生影响。对此，
本章删除交叉上市公司观测样本（652 个公司年观测样本），以剩余公司年
观测样本（7783）重新进行回归检验，回归结果仍然表明前述研究结论是
稳健的。

4.5 本章小结

证券分析师作为资本市场中的信息中介，他们跟进上市公司，收集上市
公司公开信息及私有信息，对相关公司进行调研，撰写所跟进公司的研究报
告，提供上市公司的盈余预测，并向其客户提供证券买卖建议，反映了资本
市场对上市公司未来业绩和股价走势的看法，能够有效缓解上市公司和投资
者之间存在的信息不对称程度，在资本市场上扮演了外部公司治理的角色。

本章基于 2007 ~ 2012 年沪深 A 股非金融类上市公司为研究样本，首次研
究了作为外部公司治理机制的分析师跟进与审计费用之间的关系。研究结果
发现，分析师跟进与审计费用显著负相关，分析师跟进有利于降低上市公司
的经营风险，减少注册会计师审计资源的耗费，降低审计费用；相对于一般
分析师，明星分析师具有良好的声誉和市场影响力，审计人员对其研究报告
的依赖程度更高，明星分析师的跟进更加有利于降低审计费用。本章进一步
研究发现，分析师跟进只是提供了增量信息，分析师跟进与审计费用之间的
负相关关系取决于会计师事务所和审计人员依赖分析师研究报告的程度，对

于声誉机制较强的会计师事务所而言，由于其本身拥有较强的信息搜集、分析能力，依赖分析师研究报告的程度较低，分析师跟进降低审计费用的效应显著降低。

本章的研究结论有助于我们更好地理解分析师跟进的信息中介作用。我们发现分析师跟进的信息中介作用主要体现在中小型会计师事务所。这对我国会计师事务所的"做强做大"提供了经验证据的支持，会计师事务所"做强做大"有利于其自身收集信息和分析能力的提升，降低其依赖于分析师等其他信息中介提供的信息程度，提升其核心竞争力。

第5章

分析师跟进与企业避税程度

5.1 引　　言

伴随着资本市场的迅速发展，公开披露的会计盈余信息成为投资者据以进行投资决策的重要信息来源。上市公司纷纷借助盈余管理手段"优化"财务报表信息，甚至采用避税活动进行盈余管理来达到或超过分析师盈余预测目标的行为也屡见不鲜。避税是"纳税人利用现行税法的漏洞和缺陷来减轻其纳税支出的一种行为"，作为一种重要的盈余管理方法，避税不仅能提高上市公司的期末盈余，还能在一定程度上增加上市公司的当期现金流，同时也降低了上市公司的实际税负。避税行为将本应属于国家的价值，通过税法的漏洞转移到企业，虽不会受到法律的制裁，但违反了国家政策取向和立法本意。避税行为作为公司行为特征的重要因素之一，越来越受到实务界以及学术界的重视。

分析师作为资本市场的重要角色，一方面通过对信息的解读和收集，持续地评价、估量和预测这些信息对市场价格的影响，向客户提供盈利预测和投资建议，发挥着信息中介的作用。另一方面，分析师作为外部监管者，其无时无刻的监督，对管理层起着间接的约束作用，能有效地抑制管理层的机会主义行为。以往的研究表明，分析师的跟进具有监督作用，有利于遏制盈余管理行为（赵玉洁，2013）。但国外的研究表明，分析师跟进同样会给公司带来经营压力，诱使公司通过盈余管理来迎合证券分析师的盈利预期（Levitt，1998）。受制于各种利益冲突，分析师向市场传递的信息存在严重的选择性偏差，他们倾向于发布乐观的盈余预测与股票评级（O'Brien et al.，2005；Molaand Guidolin，2009；曹胜、朱红军，2011），分析师跟进并签发乐观的盈余预测报告给企业设定了盈余目标（许年行等，2012），而这盈余目标无形中给企业造成了盈余标杆，如果企业的报告盈余低于分析师的盈余预测报告，可能会导致其股价下跌，不利于上市公司的市值管理。一些学者研究发现，未达到分析师盈余目标的公司将面临市场价值的损失（Bartov et al.，2002），经理人被减薪（Matsunaga et al.，2001）和被解雇（Hazarika et al.，2012），对这种可预期的私人利益损失，我们有理由相信经理人存在迎合分析师发布的乐观盈余预测而进行盈余管理的动机。除此之外，随着我国资本市场的快速发展，市场对于分析师发布的预测需求呈现多样化的趋势，现金流预测因其更能准确反映企业盈余预测准确性，越来越受到投资者的重视（王会娟等，2012）。分析师预测的多样性给上市公司的管理层带来了更大的压力与挑战，为了达到甚至超过分析师的盈余预测继而免受股票价格下跌等市场"惩罚"，上市公司管理层行为是否会发生变化呢？这一问题值得我们进行更深层次的探究。

本章基于避税的视角对上述问题进行了探讨，研究发现分析师跟进与上市公司避税程度显著正相关，这表明分析师发布的盈余预测研究报告给上市公司的业绩造成压力，从而诱使上市公司通过避税手段以达到或超过分析师盈余预测的目标。因此分析师跟进加剧了上市公司的避税行为；同时，我们直接研究了新增（损失）分析师跟进对上市公司避税程度的影响，研究结果表明，新增（损失）分析师跟进与上市公司的避税程度显著正（负）相关。更进一步地，由于明星分析师具有更高的市场号召力，明星分析师的跟进与上市公司避税程度更为显著。

　　本章的可能贡献在于：首先，以往的研究侧重于分析师的外部监管以及信息中介的角色，鲜有文献基于分析师跟进对上市公司带来的压力角度研究分析师跟进的经济后果。本章研究了分析师跟进对上市公司业绩造成压力，从而诱使上市公司采用避税手段来操控报告盈余以及提高现金流从而达到或超过分析师盈余预测的目标。本章的相关结论有助于丰富现有文献对分析师跟进的研究内容。其次，对于分析师跟进的度量上，文献中更多采用了横截面数据提供间接证据，但本章除了采用常规的横截面数据进行分析外，还采用了分析师跟进的变化（上次跟进本期未跟进、上次未跟进本期跟进）的变化值进行分析，以寻求更为直观的直接证据。研究结果表明，分析师跟进人数的减少将使公司减少其避税行为；而新增分析师跟进与避税程度显著正相关。

5.2　研究假说的提出

　　证券分析师作为资本市场的重要中介，他们通过各种渠道收集公司公开信息以及私有信息，并基于此出具盈余预测报告、提供股票买卖建议等，扮演着传播信息与发布信息的重要角色（Healy and Palepu, 2001）。因此，分析师跟进能够较好地发挥信息收集与传导作用，使得公众能够了解公司的市场行为，增加公司的信息透明度（Jensen and Meckling, 1976），促进了资本市场的有效运行。如罗尔斯登（Roulstone，2003）与凯莉和扬奎斯特（Kelly and Ljungqvist，2011）研究发现，分析师跟进与股票流动性显著正相关，分析师跟进人数越多，股票的流动性越高。

而分析师提供的公司未来盈余信息是外部投资者进行投资决策所依据的关键指标（Graham et al.，2005），若上市公司报告的盈余低于分析师盈余预测数值，这对于资本市场而言，无疑是坏消息，导致投资者更多地卖出公司股票，从而导致公司股票价格下跌（Brown and Caylor，2005），不利于上市公司进行市值管理。管理层也面临薪酬下降或权力丧失等严重后果。因此，公司管理层有动力去达到或者超过分析师的盈余预测数值。基于企业和自身利益，管理层不得不高度重视分析师一致预测等"盈余基准点"。陈等（Chen et al.，2010）证实美国公司在"零盈余""上年盈余"和"分析师一致预测"三个基准点都存在盈余管理现象，且未达到分析师预测而进行盈余管理的比例最高。德乔治等（Degeorge et al.，2013）利用来自21个国家的6万余公司的年度样本，检验了分析师人数与盈余管理的关系，发现在那些发展中的金融市场，分析师预测会成为企业盈余管理的目标，从而客观上鼓励了盈余管理。然而，受制于各种利益冲突，分析师向市场传递的信息存在严重的选择性偏差，他们倾向于发布乐观的盈余预测与股票评级。例如，我国股市存在卖空限制，分析师要想增加交易量，以获得更多佣金分成，必须提供更多"买入"评级的报告（Jackson，2005），因此在推荐股票和盈余预测方面普遍表现得更为乐观。分析师签发的盈余预测表现出的乐观性（周冬华和赵玉洁，2016），使得其对盈利的预测值通常显著高于公司最终实际盈余（De Bondt and Thaler，1990）。这意味着分析师的盈余预测高估了公司的实际盈余能力，使得管理层通过正常的生产经营活动很难达到分析师发布的盈余预测数值，分析师的跟进行为给管理层带来了业绩压力。为了迎合分析师的盈余预测，满足自身的业绩考核，管理层通常会进行相应的盈余管理以达到分析师预期（Brown and Caylor，2005；Bailk and Jiang，2006）。盈余管理分为应计的盈余管理和真实的盈余管理。与应计盈余管理相比，真实盈余管理具有较高的隐蔽性，分析师易于监督隐蔽性较差的应计盈余管理，这种监督迫使经理人转向真实盈余管理。由于分析师的外部监管效应的存在，管理层不得不通过更为隐蔽的真实盈余管理操纵来面对分析师发布的乐观盈余预测报告所带来的压力。从这个角度看，分析师跟进所带来的监督说与压力说并不冲突（李春涛等，2016）。已有的研究也证实了这一点，分析师跟进对公司决策者不同的盈余管理方式会产生影响。伊朗和奥茨（Irani and Oesch，2016）发现上市公司的管理者迫于分析师的压力，会减少可操控应计项目，并相应增加真实盈余管理。除此之外，市场对于分析师发布的预测需求呈现多样化的趋势，现金流预测因其更能准确反映企业盈余预测准确性，越来越受到投资者的重视。这种重视程度也加大了上市公司管理层的压力，迫使管理层在进行盈余管理的同时也要兼顾到现金流。

分析师对应计盈余管理具有监督效应，能够减少应计盈余管理，这种观点支撑了分析师的监督说；相反，其对真实盈余管理具有促进作应，跟踪分析师越多，企业真实盈余管理越多，即是压力说。基于以上逻辑，我们认为，跟踪分析师越多，企业越会选择隐蔽性更强的真实盈余管理行为（李春涛等，2016）。

与其他盈余管理方式相比，上市公司的避税活动相对于其他的会计盈余管理方式相比更为隐蔽且能够直接为上市公司节省现金流，这种特性诱使经理人选择避税行为来进行盈余管理，以此应对日趋严格的外部监督以及外部分析师带来的业绩压力。以往的研究认为公司管理层会出于会计利润而放弃可观的税收节约，因为避税活动虽然会带来现金流量的增加，但是此时会计利润的价值相关性更强，更能够决定股价和管理层的激励。但是避税行为作为一项财务管理手段贯穿于企业设立、经营、投资的全过程，在研究避税行为对上市公司产生的影响时，不能仅立足于降低会计利润，广义的避税活动不仅包括税收筹划①，也包括税收优惠政策的采用②，这些行为都将增加公司的盈余以及现金流，同时并不会降低会计利润。洛佩斯等（Lopez et al.，1998）研究发现，当公司不能实现既定的盈利目标时，他们往往会通过减少所得税费用的方式来调增盈余，而且通过税收进行盈余管理的行为在公司中表现较为隐蔽，更为管理层所采用（Dhaliwal et al.，2004）。德赛（Desai，2003）研究发现，盈余管理的增加能在一定程度上解释会计－税收差异扩大的原因。叶康涛（2006）研究发现上市公司盈余管理幅度越大，则会计利润与应税所得差异也越高，避税程度越高，这表明我国上市公司存在利用会税差异进行盈余管理降低所得税成本的动机，盈余管理程度与实际税负负相关。一方面，避税行为不仅可以直接增加公司的税后利润，另一方面，相较于其他的盈余管理方式，避税行为将应分配给政府的利润留存下来，能够达到直接增加了公司现金流的目的（王静等，2014）。这种巧妙的增加现金流的方式则是通过"应计项目"进行盈余管理所不能实现的。因此，我们认为上市公司通过避税行为，既能增加盈余，同时也能实现增加现金流的目的，这种结果对于迎合分析师的盈余预测与现金流预测都起到了"恰到好处"的作用。相较于其他盈余管理行为，分析师跟进诱使上市公司通过避税行为进行盈余管理会产生更为显著的吸引力。

作为资本市场重要的信息中介之一，分析师的预测行为能够影响公司管理层多方面的决策行为，上市公司在进行各种决策以及信息发布时，都不得不考虑分析师行为的因素。而不同的分析师最终达成盈余预测的共识，通常被视为公司管理层的盈余标杆，也被视为管理者进行盈余管理的基准水平。

---

① 例如，在所得税方面，公司通过安置残疾人到本单位就业，可以在税前加计100%扣除实际支付给残疾人的工资。

② 例如，公司购置并实际使用规定的环境保护、节能节水、安全生产等专用设备的，该专用设备的投资额的10%可以从公司当年的应纳税额中抵免。

当公司年度盈余低于分析师盈余预测时，公司管理层通常会进行向上的盈余管理行为以达到分析师盈余预测目标，而避税行为作为较隐形的盈余管理手段之一，不仅能够提高上市公司的盈余，同时还能直接增加上市公司的当期现金流，常被上市公司管理层采用。基于此，我们认为，分析师一般会出具较为乐观的盈余预测研究报告或者是现金流预测报告，而这些乐观的盈余预测给上市公司造成了较大的业绩压力，公司管理层为了达到或超过分析师的盈余目标以获得较好的市场反应，从而会采用较为隐蔽的避税方式来从事盈余管理行为。对此，提出本章的研究假设1：

研究假设1：在其他条件不变的情况下，分析师跟进与公司避税行为显著正相关。

相对于一般分析师，明星分析师具有更为丰富的从业经验以及更强的信息处理能力，可以帮助投资者在众多盈利预测报告中做出更好的选择，其出具的研究报告也具有更高的准确度和更强的市场信任度（周冬华和赵玉洁，2015）。同时，由于明星分析师盈余预测的准确率远远高于行业均值，其盈余预测报告对投资者来说更具有参考价值（郑建明等，2015）。因此，来自高声誉的分析师预测较其他分析师对市场的影响力也更大（Clement，1999），明星分析师的推荐评级将产生十分巨大的市场冲击。斯蒂克尔（1992）的研究也证实了这一点，与非明星分析师相比，明星分析师盈余预测更为准确，发布盈余预测的频率也更高，相应的市场反应也更强烈。汪弘等（2013）研究亦发现，明星分析师的观点在短期非常容易形成价格压力。因此明星分析师跟进的公司将会面对来自市场更大的压力。

除此以外，相对于一般分析师，明星分析师也具有更强的市场号召力。投资者将更加关注那些高声誉的分析师，并且根据他们的盈余预测调整投资（胡奕明和金洪飞，2006）。因此，当上市公司报告的盈余低于明星分析师盈余报告的数值时，投资者将更多地卖出其持有的公司股份，导致公司股票价格下跌，不利于上市公司管理层进行市值管理，此时管理层面临着更大的盈余压力，更会倾向于采用隐蔽性较强的避税活动进行盈余管理，以达到或超过分析师的盈余预测。基于此，我们认为，与一般分析师相比，明星分析师具有更强的市场影响力和号召力，其发布的盈余预测报告给管理层造成更大的盈余压力，更容易导致管理层通过避税活动增加当期盈余。据此，提出本章的假设2：

研究假设2：在其他条件不变的情况下，明星分析师的跟进使公司的避税行为更为显著。

5.3　研究设计与数据来源

5.3.1　避税程度度量

在研究公司避税行为的相关文献中，关于使用何种指标来度量公司的税收规避程度不尽相同。根据度量的侧重点不同，税收规避程度的度量方法大致分为两类，第一类从公司实际所得税率及其变体的角度来反映公司的税收规避程度；第二类从会计税收差异的角度来度量公司的避税程度（刘行，2013），这两类指标度量方面也各有利弊。由于我国 2008 年所得税税率发生了变化，且不同类型的上市公司享受着不同层次的税收优惠，这导致实际税率并不能充分反映企业的主观避税程度，也容易造成各企业之间的缺乏横向可比性，而采用会计税收差异来度量可能会受到公司盈余管理行为的影响，为了使研究结论更为稳健，本章将分别采用上述两类指标共四种不同的度量指标来衡量公司的避税程度。

（1）名义税率与实际税率之间的差额（*Rate*），考虑到 2008 年我国所得税基准税率的变化，以及部分公司享受税收优惠政策所造成的基准税率的不同，本章采用公司的名义税率与实际税率之间的差来度量避税程度，该数值越大，表明公司的避税程度越高。

（2）名义税率与实际税率之间差额的均值（*LRate*），考虑到我国税收的征管存在先征后返等税收优惠政策，且这一税收优惠通常会持续几年的时间，会对公司的实际税率产生显著的影响，对此，本章采用名义税率与实际税率之间差额的均值来度量企业的避税程度，即通过滚动窗口计算出名义所得税率与实际所得税率之间差额的五年平均值（$t-4$ 年至 t 年）来衡量公司的避税程度。

（3）会计—税收差异（*BTD*），具体采用（税前会计利润 − 应纳税所得额)/期末总资产来度量，其中应纳税所得额 = (所得税费用 − 递延所得税费用)/名义所得税率，该数值越大，公司的避税程度越高。

（4）扣除应计利润后的会计—税收差异（*BTD_res*），考虑到公司的盈余管理行为可能会影响到会计—税收差异的数值，例如计提的会计收益并不对应纳税所得造成影响，但却会导致账税差异水平的提高（王静，2014）。对此，本章借鉴德赛和达马帕拉（Desai and Dharmapala，2006）的研究方法，采用固定效应模型对模型（5 – 1）进行回归计算扣除总应计利润（TACC）后的会计—税收差异。

$$BTD_{i,t} = \partial TACC_{i,t} + \mu_i + \xi_{i,t} \qquad (5-1)$$

其中，$TACC_{i,t}$ 为剔除了公司规模影响的 i 公司第 t 年总应计利润，μ_i 为 i 公司样本期内残差的平均值，$\xi_{i,t}$ 为 i 公司在第 t 年对残差均值 μ_i 的偏离程度。$BTD\_res = \mu_i + \xi_{i,t}$，表示扣除总应计利润后的会计—税收差异。

5.3.2 研究模型

为了控制分析师跟进与避税程度之间可能存在的内生性问题，本来采用了滞后一期的分析师跟进。依据相关文献的设计，回归模型中控制了公司资产规模、负债率及其他的变量，以控制这些变量对避税程度的影响，具体回归模型如式（5－2）所示。

$$Tax\_avoid_{it} = \alpha + \beta_1 analyst_{it-1} + \beta_2 MB_{it} + \beta_3 Size_{it} + \beta_4 Lev_{it} + \beta_5 ROA_{it}$$

$$+ \beta_6 PPE_{it} + \beta_7 Intangible_{it} + \beta_8 Cash_{it} + \beta_9 NOL_{it} + \beta_{10} Loss_{it}$$

$$+ \beta_{11} Big4_{it} + \sum Year + \sum Ind + \varepsilon \qquad (5-2)$$

其中，被解释变量为公司避税程度（Tax_avoid），分别采用前述四种方法来度量，该数值越大，表明上市公司避税程度越严重。解释变量为分析师跟进（Analyst），本章采用年度内分析师跟进人数加 1 取自然对数来度量，同样地，本章还研究了明星分析师（Rank1）对避税程度的影响，当年度有明星分析师跟进上市公司，其值取 1，否则为 0；明星分析师的定义为当年度入选《新财富》榜单并排名第一的分析师。控制变量具体包括：（1）账面市值比（MB），（2）资产规模（Size），采用公司年度资产规模取自然对数来衡量。（3）财务杠杆（LEV），采用公司的资产负债率来表示。（4）盈利能力（ROA），采用公司的资产利润率来衡量。（5）固定资产（PPE）。（6）无形资产（Intangible）。（7）现金及现金等价物（Cash）。（8）是否结转以前年度亏损变量（NOL），结转了上年度亏损，其值取 1，否则为 0。（9）当年度是否发生亏损（Loss），当年度发生亏损，其值取 1，否则为 0。（10）是否四大审计（Big4），四大审计其值取 1，否则为 0。（11）年度控制变量（Year）和行业控制变量（Ind），以此控制不同行业和不同年度对避税程度的影响。

5.3.3　研究样本和数据来源

本章以 2004～2014 年我国沪深证券交易所 A 股上市公司为研究样本，检验分析师跟进对上市公司避税行为的影响。在计算避税程度指标（LRate）

时，需要用到样本公司第 $t-4$ 年至第 t 年的数据。所以，本章避税指标的计算数据需要延伸至 2000 年。虽然我国的所得税制度在 2008 年度进行了较大的改革，尤其是所得税的基准税率从 33% 下降至 25%，但是本章在计算避税程度的度量指标上选择的是实际税负与名义税率之间的差额，因此名义税率的改变对实证研究结果不会造成较大的影响。本章所使用的数据来源于 CS-MAR 数据库和 WIND 数据库，个别数据手工收集于证券时报网站的证券公司年度财务报告。我们进一步剔除了金融行业和模型所需指标缺失的样本。

5.4　实证结果及其分析

5.4.1　描述性统计

表 5 - 1 列示了全样本公司的描述性统计。样本公司中会计与税收差异（BTD）的均值为 0.0591，最大值为 342.8，最小值为 - 86.17，中位数为 0.0321，标准差为 2.770，最大值与最小值间的差异较大，表明不同上市公司之间的会税差异较大，各上市公司之间的避税决策存在显著不同。而扣除应计利润后的会税差异（BTD_res）的均值为 - 0.0179，中位数为 - 0.0442，这表明企业的应计项目会对会计与税收差异产生实质性影响。另一方面，样本公司的名义税率与实际税率之间的差额（Rate）的均值为 0.0329，这表明样本公司的名义税率平均高于实际税率 3.29%，总体上表现为样本公司中存在较严重的避税行为。该指标的最大值为 135.1，最小值为 - 220.2，中位数为 0.0137，这表明样本公司的实际税率与名义税率之间的差额存在显著性差异，分析师跟进（Analyst）的均值为 1.0806，最大值为 4.1896，最小值为 0，标

准差为 1.1428，这表明来自不同证券公司的分析师跟进的人数在不同的公司之间存在着较大差异。避税差异和分析师跟进人数的显著不同，有利于本章研究分析师跟进对公司避税行为的影响。

表 5 – 1　　　　　　　　　　　样本公司相关变量描述性统计

变量	观测值	均值	最大值	最小值	标准差	25% 分位数	中位数	75% 分位数
BTD	16932	0.0591	342.8	– 86.17	2.770	0.00947	0.0321	0.0613
BTD_res	16927	– 0.0179	327.0	– 81.96	2.644	– 0.0670	– 0.0442	– 0.0151
Rate	17471	0.0329	135.1	– 220.2	2.164	– 0.0303	0.0137	0.114
LRate	14129	0.0261	26.75	– 44.22	0.925	– 0.0223	0.0253	0.107
Analyst	17471	1.0806	4.1896	0	1.1428	0	0.6931	2.079
MB	17311	1.900	1640	– 7073	59.39	1.065	1.547	2.612
Size	17471	21.59	28.48	10.84	1.283	20.77	21.46	22.27
LEV	17471	0.609	877.3	– 0.195	6.906	0.335	0.496	0.640
ROA	17471	1.254	23510	– 2146	178.6	0.0112	0.0333	0.0619
PPE	16688	0.428	9.829	0.001	0.314	0.200	0.375	0.604
Intangible	17466	0.0462	0.895	– 0.0198	0.0663	0.0097	0.0281	0.0567
Cash	17471	0.178	1	0	0.140	0.0811	0.140	0.235
Loss	17471	0.206	1	0	0.405	0	0	0
Big4	17471	0.0729	1	0	0.260	0	0	0

其他变量方面，样本公司规模（Size）的均值为 21.59，中位数为 21.46，表明样本公司的资产规模存在着较大差异。由于样本公司的各种变量存在着不同程度的极端异常值现象，为了使结果更为稳健，在后续回归处理时对上述连续变量进行了 1% 数值和 99% 数值的缩尾处理。

5.4.2　相关性分析

表 5 – 2 为样本公司指标之间的相关性分析，显示结果为非参数 Spearman

检验系数。表 5 - 2 的结果显示，本章所选用的避税指标中，四个避税指标之间的系数都为正相关，表明这四个指标的指向是一致的。*BTD* 和 *BTD_res* 两个指标之间的相关系数均在 1% 的置信水平显著为正，两者的相关系数高达 0.993，而 *Rate* 与 *LRate* 两个指标之间的相关系数均在 1% 的置信水平显著为正，且两者的相关系数高达 0.597，这表明上述四个指标中所侧重的角度不同，*BTD* 和 *BTD_res* 是从会税差异的角度刻画公司的避税程度，而 *Rate* 与 *LRatee* 两个指标是从公司承担的实际税负与名义税率的差额来度量。因此，两组度量指标之间的线性关系较为显著，这也表明本章分别采用这四个不同的指标来度量避税程度较为全面。避税程度各指标与分析师跟进都呈现出显著的正相关关系，这表明分析师跟进提高了上市公司的避税程度，初步表明分析师跟进并签发研究报告会给上市公司的盈余造成压力，从而引诱上市公司利用更多地参与避税从而达到分析师预测的盈余目标。

5.4.3　实证结果

本章基于混合数据采用最小二乘法对分析师跟进对上市公司避税程度的影响展开研究，回归结果如表 5 - 3 所示，表 5 - 3 列示了不同避税程度度量指标下的回归结果。回归结果显示，各回归模型中的 F 值通过了 1% 显著性水平检验，回归模型拟合度较好。分析师跟进与公司的避税程度呈显著的正相关关系，这表明更多的分析师跟进，给企业造成的盈余目标压力越大，这将促使公司更多地采取避税行为来达到分析师预测的盈余目标，从而导致分析师跟进与上市公司避税程度显著正相关。

表 5 - 2　样本公司指标相关性分析

	BTD	BTD res	Rate	LRate	Analyst	MB	size	lev	ROA	PPE	Intan ~ e	Cash	Loss	big4
BTD		0.993***	0.169***	0.142***	0.2739***	0.133***	0.138***	0.030***	0.198***	-0.016*	0.043***	-0.010	0.266***	0.055***
BTD res			0.168***	0.141***	0.2692***	0.122***	0.138***	0.035***	0.186***	0.015*	0.051***	-0.024***	0.266***	0.059***
Rate				0.597***	0.1368***	0.005	-0.130***	0.019**	-0.097***	0.120***	0.010	-0.132***	0.052***	0.022**
LRate					0.1191***	0.038***	-0.162***	0.040***	-0.067***	0.135***	0.038***	-0.152***	0.108***	0.022**
Analyst						0.140***	0.510***	-0.089***	0.490***	-0.048***	0.035***	0.176***	-0.039***	0.152***
MB							-0.259***	-0.135***	0.190***	-0.083***	0.121***	0.154***	0.091***	-0.135***
size								0.238***	0.162***	-0.039***	-0.092***	0.010	0.025***	0.245***
lev									-0.382***	-0.039***	-0.063***	-0.268***	0.071***	-0.013
ROA										-0.118***	-0.020***	0.280***	-0.260***	0.089***
PPE											0.158***	-0.313***	-0.006	0.036***
Intangible												-0.0470***	0.041***	-0.012
Cash													-0.057***	-0.036***
Loss														0.005
big4														

注：***，**，*分别表示在 1%，5%，10%水平上统计显著。

表 5 - 3 　　　　　　　　　　分析师跟进与避税程度回归

变量	(1) BTD	(2) BTD_res	(3) Rate	(4) LRate
Analyst	0.0011 *** (9.704)	0.0011 *** (9.636)	0.0004 * (1.782)	0.0007 *** (2.588)
MB	-0.0009 * (-1.852)	-0.0009 * (-1.927)	0.0019 ** (2.235)	0.0027 (2.828)
Size	-0.0035 *** (-3.984)	-0.0032 *** (-3.733)	-0.0156 *** (-6.763)	-0.0176 *** (-6.129)
LEV	0.0328 *** (7.158)	0.0327 *** (7.256)	0.0505 *** (4.408)	0.0653 *** (4.768)
ROA	0.1710 *** (9.504)	0.1655 *** (9.417)	-0.1595 *** (-5.408)	-0.0481 (-1.616)
PPE	0.0041 (1.219)	0.0079 ** (2.383)	0.0432 *** (4.978)	0.0497 *** (4.476)
Intangible	-0.0059 (-0.387)	-0.0003 (-0.022)	0.0605 (1.644)	0.1184 ** (2.544)
Cash	-0.0205 *** (-3.506)	-0.0214 *** (-3.726)	-0.0365 ** (-2.370)	-0.0645 *** (-2.681)
NOL	0.0112 *** (5.426)	0.0110 *** (5.402)	0.0071 (1.112)	0.0347 *** (5.222)
Loss	0.0323 *** (16.262)	0.0326 *** (16.493)	0.0141 *** (2.786)	0.0343 *** (6.185)
Big4	0.0061 ** (2.168)	0.0063 ** (2.242)	0.0302 *** (4.747)	0.0313 *** (3.712)
常数	0.0641 *** (3.460)	-0.0182 (-0.994)	0.4051 *** (7.833)	0.4119 *** (6.372)
行业效应	控制	控制	控制	控制
年度效应	控制	控制	控制	控制
调整后 R^2	0.1310	0.1310	0.0506	0.0897
F 值	34.8881 ***	34.1749 ***	15.8262 ***	11.6530 ***
N	16061	16058	16580	13484

注：***、**、*分别表示在1%、5%、10%水平上统计显著；回归结果按照公司代码进行了 Cluster 处理。

其他控制变量方面，公司规模（*Size*）与避税程度均呈显著的负相关关系，这表明，规模越大的公司越不会采取避税行为。这可能源于规模越大的公司常常作为政府完成财政指标的重要角色，更容易受到政府的监管。是否四大审计（*Big*4）与公司避税程度显著正相关，这是由于外部审计师行业专长将会帮助客户提高避税水平（魏春燕，2014）。企业结转以前年度亏损变量（*NOL*）与公司避税程度显著正相关，这初步表明，结转以前年度亏损将显著降低当期实际税负。是否亏损（*Loss*）与避税程度显著正相关，表明当期亏损会显著降低当期实际税负。财务杠杆（*LEV*）与公司避税程度显著正相关，证实了负债会产生抵税作用。现金及现金等价物（*Cash*）与避税程度显著负相关，现金及现金等价物越多的企业避税程度越低，这可能源于现金及现金等价物不足是产生避税行为的重要诱因。

相对于非明星分析师，明星分析师的曝光率更多，明星分析师跟进能够引发更大的市场效应（Mikhail，Walther and Willis，2004）。这种由于明星分析师跟踪引起的市场关注，可能会对公司的经营管理行为起到更大的"放大"作用。因此，相对于普通分析师跟踪，明星分析师跟进并签发盈余预测研究报告会给公司管理层带来更大的压力，从而导致上市公司的避税程度更甚。表5-4列示了明星分析师跟进与企业避税程度之间的回归结果。

表 5-4 明星分析师跟进与避税程度回归

变量	（1）BTD	（2）BTD_res	（3）Rate	（4）LRate
*Rank*1	0.0149 *** （9.501）	0.0147 *** （9.511）	0.0117 *** （3.302）	0.0094 ** （2.306）
MB	-0.0006 （-1.383）	-0.0007 （-1.453）	0.0019 ** （2.240）	0.0028 *** （3.038）
Size	-0.0019 ** （-2.209）	-0.0017 ** （-1.966）	-0.0157 *** （-7.277）	-0.0165 *** （-6.096）

续表

变量	(1)	(2)	(3)	(4)
	BTD	BTD_res	Rate	LRate
LEV	0.0316 ***	0.0315 ***	0.0500 ***	0.0650 ***
	(6.908)	(7.003)	(4.354)	(4.732)
ROA	0.1822 ***	0.1763 ***	− 0.1602 ***	0.0420
	(10.144)	(10.051)	(− 5.498)	(− 1.403)
PPE	0.0038	0.0077 **	0.0430 ***	0.0499 ***
	(1.139)	(2.298)	(4.953)	(4.504)
Intangible	− 0.0052	0.0004	0.0603	0.1187 **
	(− 0.339)	(0.025)	(1.641)	(2.548)
Cash	− 0.0171 ***	− 0.0180 ***	− 0.0365 **	− 0.0637 ***
	(− 2.893)	(− 3.115)	(− 2.386)	(− 2.657)
NOL	0.0094 ***	0.0092 ***	0.0067	0.0337 ***
	(4.560)	(4.544)	(1.051)	(5.104)
Loss	0.0306 ***	0.0309 ***	0.0138 ***	0.0333 ***
	(15.538)	(15.788)	(2.743)	(6.060)
Big4	0.0070 **	0.0072 **	0.0302 ***	0.0319 ***
	(2.514)	(2.584)	(4.763)	(3.794)
常数	0.0289	− 0.0526 ***	0.4052 ***	0.3887 ***
	(1.594)	(− 2.932)	(8.370)	(6.357)
行业效应	控制	控制	控制	控制
年度效应	控制	控制	控制	控制
调整后 R^2	0.1268	0.1268	0.0509	0.0894
F 值	34.6951 ***	34.0599 ***	15.8614 ***	11.7196 ***
N	16061	16058	16580	13484

注：***、**、* 分别表示在 1%、5%、10% 水平上统计显著；回归结果按照公司代码进行了 Cluster 处理。

表 5 - 4 的回归结果显示，明星分析师的跟进与公司避税行为呈显著正相关，且相关系数远大于分析师跟进与公司避税行为的相关系数，明星分析师进一步证实了由于明星分析师跟进给公司管理层所带来的更大市场压力，从而引发公司管理层可能更倾向于利用避税手段达到分析师的盈余预测目标。

5.4.4　稳健性检验

（1）分析师跟进与避税程度的直接证据：分析师不再跟进和新增分析跟进。

前面研究发现，分析师跟进与上市公司避税程度显著正相关，但是上述研究结论只是提供了间接的经验证据，更为直接的证据是当分析师不再跟进时，上市公司的避税程度是否降低，以及新增分析师跟进情况下上市公司的避税程度是否发生了显著的变化。对此，我们研究分析师不再跟进（Lost）和新增分析师跟进（New）与避税程度之间的关系。当上市公司上年度分析师跟进，当年度不再被分析师跟进时，Lost 取值为 1，否则为 0；当上市公司上年度分析师未跟进，当年度分析师跟进时，新增分析师跟进（New）取值为 1，否则为 0。表 5 - 5 列示了相关回归结果。结果显示，分析师数量的减少（Lost）与避税程度呈显著负相关，这表明，分析师跟进人数的减少将使公司减少其避税行为；而新增分析师跟进与避税程度显著正相关，这表明新增的分析师跟进会对上市公司的盈余设定较高的目标，诱使上市公司通过避税手段以达到盈余预测的目标，相关的研究结果进一步证实了分析师跟进发布的盈余预测报告会给上市公司造成较大的压力，从而导致上市公司的避税程度更高。

表 5 - 5　　　　　　　　　　　分析师跟进减少与避税程度回归

变量	（1）	（2）	（3）	（4）	（5）	（6）	（7）	（8）
	BTD	BTD_res	Rate	LRate	BTD	BTD_res	Rate	LRate
Lost	− 0.009 *** (− 4.88)	− 0.009 *** (− 4.69)	− 0.0112 * (− 1.74)	− 0.015 *** (− 2.82)				
New					0.002 *** (2.79)	0.002 *** (2.76)	0.019 ** (2.43)	0.025 *** (3.75)

续表

变量	（1）	（2）	（3）	（4）	（5）	（6）	（7）	（8）
	BTD	BTD_res	Rate	LRate	BTD	BTD_res	Rate	LRate
MB	−0.001	−0.001	0.002 **	0.003 ***	0.002 ***	0.002 ***	0.001	0.002
	（−1.09）	（−1.16）	（2.27）	（3.14）	（3.38）	（3.20）	（0.51）	（1.31）
Size	−0.003	−0.001	−0.015 ***	−0.016 ***	−0.001	−0.001	−0.004 *	0.004
	（−0.38）	（−0.16）	（7.05）	（−5.84）	（−1.05）	（−0.87）	（−1.73）	（−1.39）
LEV	0.031 ***	0.031 ***	0.050 ***	0.065 ***	0.028 ***	0.028 ***	0.005	0.022
	（6.62）	（6.71）	（4.34）	（4.70）	（4.28）	（4.39）	（0.38）	（1.37）
ROA	0.189 ***	0.183 ***	−0.151 ***	−0.037	0.246 ***	0.239 ***	0.058	0.128 ***
	（10.44）	（10.34）	（−5.14）	（−1.24）	（10.34）	（10.23）	（1.17）	（2.73）
PPE	0.005	0.0082 **	0.0439 ***	0.0502 ***	−0.0015	0.0039	0.0078	0.0229 *
	（1.298）	（2.40）	（4.97）	（4.54）	（−0.42）	（1.07）	（0.84）	（1.88）
Intangible	−0.003	0.001	0.062	0.1189 **	−0.006	0.002	−0.036	0.009
	（−0.251）	（0.10）	（1.65）	（2.55）	（−0.34）	（0.09）	（−0.97）	（0.22）
Cash	−0.013 *	−0.014 **	−0.042 **	−0.063 ***	−0.045 ***	−0.043 ***	−0.031 **	−0.0490 **
	（−1.96）	（−2.13）	（−2.47）	（−2.62）	（−6.617）	（−6.497）	（−2.153）	（−2.260）
NOL	0.008 ***	0.008 ***	0.006	0.033 ***	0.012 ***	0.012 ***	0.005	0.028 ***
	（4.18）	（4.14）	（0.96）	（5.04）	（5.50）	（5.44）	（0.82）	（3.96）
Loss	0.029 ***	0.030 ***	0.013 **	0.033 ***	0.037 ***	0.037 ***	0.016 ***	0.039 ***
	（14.91）	（15.15）	（2.54）	（6.03）	（15.96）	（16.08）	（2.94）	（6.57）
Big4	0.008 ***	0.008 ***	0.031 ***	0.032 ***	0.008 ***	0.008 ***	0.021 ***	0.017 **
	（2.779）	（2.85）	（4.748）	（3.83）	（2.64）	（2.73）	（3.50）	（2.28）
常数	−0.006	−0.087 ***	0.395 ***	0.369 ***	0.024	−0.059 ***	0.180 ***	0.172 ***
	（−0.31）	（−4.72）	（8.16）	（6.15）	（1.11）	（−2.73）	（3.61）	（2.68）
行业效应	控制	控制	控制	控制	控制	控制	控制	控制
年度效应	控制	控制	控制	控制	控制	控制	控制	控制
调整后 R^2	0.1212	0.1208	0.0509	0.0895	0.1726	0.1720	0.0329	0.0598
F 值	32.83 ***	32.06 ***	15.59 ***	11.80 ***	24.85 ***	24.85 ***	6.61 ***	5.51 ***
N	15273	15270	15767	13484	9964	9963	10123	7785

　　注：*** 、** 、* 分别表示在1%、5%、10%水平上统计显著；回归结果按照公司代码进行了 Cluster 处理。

（2）内生性问题。

前述研究中发现，分析师跟进并签发研究报告会给上市公司管理层的盈余目标造成压力，导致上市公司的避税程度更高，两者之间存在显著的正相关，但这种关系可能是分析师跟进的内生性问题所致。虽然前述研究中采用了滞后一期的分析师跟进加以缓解内生性问题，但分析师跟进可能存在自选择问题，他们可能会选择跟进可见度更高的上市公司，而这些上市公司通常会受到市场更多的关注，管理层业绩目标存在较大的压力，从而导致管理层更多地采用避税方式来操控盈余。因此分析师跟进与上市公司之间的避税程度之间的正相关关系可能存在内生性问题，即分析师跟进与公司的避税程度可能受到其他因素的共同影响。对此，我们采用工具变量法对此作进一步的讨论。

一般而言，跟进上市公司的分析师人数与证券公司规模成正相关关系，证券公司的规模越大，其所隶属的分析师数量越多，分析师越可能跟进上市公司（赵玉洁，2013）。但证券公司的规模并不会受到特定上市公司避税程度等管理层行为的影响。因此，证券公司的规模是较好的分析师跟进的工具变量，对此，本章采用证券公司规模来作为分析师跟进的工具变量进行内生性检验。对此，我们采用式（5 - 3）和式（5 - 4）构建以下方程来度量样本公司被分析师跟进的人数：

$$Exp\_analyst_{ijt} = Analyst_{ijt-1} \times \frac{size\_sec_{jt}}{size\_sec_{jt-1}} \tag{5-3}$$

$$Exp\_analyst_{it} = \sum_{j=1}^{n} Exp\_analyst_{ijt} \tag{5-4}$$

其中：$Exp\_analyst_{ijt}$ 为 i 家上市公司 t 年度被 j 证券公司跟进的预期人数，$Analyst_{ijt}$ 为第 j 家证券公司 $t-1$ 年度跟进第 i 家上市公司的人数，$size\_sec_{jt}$ 和 $size\_sec_{jt-1}$ 分别为第 j 家证券公司 t 年度和 $t-1$ 年度的规模，采用当年度净利润的自然对数来度量。$Exp\_analyst_{ijt}$ 为第 i 家上市公司 t 年度被所有证券公司跟进的预期人数。控制了分析师跟进的内生性问题的回归结果如表 5 - 6 所示。

表 5 - 6　　　　　　控制内生性后的分析师跟进与避税程度回归

N = 7498	BTD		BTD res		Rate		LRate	
	Stage 1	Stage 2	Stage 1	Stage 2	Stage 1	Stage 2	Stage 1	Stage 2
Analyst		0.001 ***		0.001 ***		0.001 **		0.001 *
		4.94		4.93		1.97		1.74
Exp_analyst	0.015 ***		0.015 ***		0.015 ***		0.015 ***	
	21.71		21.71		21.85		19.63	
MB	0.519 ***	0.001 *	0.520 ***	0.001	0.511 ***	− 0.000	0.679 ***	0.001
	8.63	1.71	8.63	1.56	8.53	− 0.25	10.17	0.43
Size	3.077 ***	− 0.006 ***	3.077 ***	− 0.006 ***	3.060 ***	− 0.007 **	3.295 ***	− 0.006
	19.11	− 3.98	19.11	− 3.88	19.19	− 1.99	18.25	− 1.58
LEV	− 3.886 ***	0.030 ***	− 3.885 ***	0.030 ***	− 3.892 ***	0.000	− 3.170 ***	0.009
	− 5.16	3.68	− 5.16	3.76	− 5.21	0	− 4.03	0.49
ROA	38.768 ***	0.207 ***	38.760 ***	0.202 ***	39.260 ***	− 0.031	41.104 ***	0.030
	13.64	6.72	13.64	6.66	13.82	− 0.51	13.77	0.46
PPE	0.374	− 0.009 *	0.378	− 0.003	0.457	0.002	1.091 *	0.011
	0.62	− 1.95	0.62	− 0.71	0.76	0.21	1.69	0.88
Intangible	0.001	− 0.012	0.002	− 0.003	− 0.548	− 0.039	0.311	− 0.021
	0	− 0.58	0	− 0.16	− 0.25	− 0.99	0.13	− 0.43
Cash	3.984 ***	− 0.056 ***	3.986 ***	− 0.055 ***	3.979 ***	− 0.026	1.094	− 0.066 ***
	3.89	− 7.75	3.89	− 7.69	3.94	− 1.5	0.82	− 2.78
NOL	− 1.921 ***	0.017 ***	− 1.922 ***	0.017 ***	− 1.956 ***	0.018 **	− 1.671 ***	0.027 ***
	− 5.96	7.2	− 5.96	7.15	− 6.11	2.58	− 4.98	3.65
Loss	− 1.088 ***	0.041 ***	− 1.089 ***	0.041 ***	− 1.077 ***	0.026 ***	− 0.862 ***	0.039 ***
	− 4.35	16.98	− 4.35	17.15	− 4.33	4.51	− 3.24	6.37
Big4	0.241	0.008 **	0.241	0.009 **	0.183	0.023 ***	0.128	0.017 **
	0.41	2.29	0.41	2.44	0.32	3.28	0.2	1.99
年度效应	控制	控制	控制	控制	控制	控制	控制	控制
行业效应	控制	控制	控制	控制	控制	控制	控制	控制
Centered R²	0.5037	0.1549	0.504	0.157	0.502	0.029	0.534	0.064
Uncentered R²	0.7598	0.5399	0.760	0.324	0.760	0.042	0.761	0.114
F 值	73.72 ***	17.42 ***	73.69 ***	18.1 ***	74.76 ***	5.62 ***	59.64 ***	5.27 ***

注：***、**、* 分别表示在 1%、5%、10% 水平上统计显著；回归结果按照公司代码进行了 Cluster 处理。

表 5 - 6 的回归结果第一阶段回归结果显示，以证券公司的规模变化构建

了预期分析师数量的工具变量与分析师跟进人数显著正相关，因此本章构建的工具变量是有效的。第二阶段回归结果显示，在控制了分析师跟进可能存在的内生性后，分析师跟进和公司避税程度呈显著正相关。这表明分析师跟进人数的增加会加剧公司的避税程度，与上述研究结果相一致。

5.5　本章小结

随着我国资本市场的快速发展，证券分析师在资本市场的作用越来越重要。分析师跟进并签发盈余预测报告，受到了投资者的高度关注，同时分析师跟进所带来的市场效应也给上市公司本身带来了业绩压力，而这种业绩压力可能会导致上市公司管理层采用避税行为来达到分析师的业绩预测目标。

对此，本章采用对 2004～2014 年我国非金融类上市公司的数据，研究了分析师跟进与上市公司的避税程度之间的关系，研究发现，分析师跟进与上市公司避税程度显著正相关，这表明分析师发布盈余预测研究报告会给上市公司的业绩造成压力，这驱使上市公司通过避税手段以达到或超过分析师盈余预测目标。由于明星分析师具有更高的市场号召力，明星分析师的跟进与上市公司避税程度更为显著。

本章的研究结论有一定的理论和实践意义。一方面，文献较多研究了分析师的信息中介作用和公司治理监督作用，但对于分析师跟进对上市公司业绩造成压力的研究则较为缺失，本章基于避税程度的视角研究发现了分析师跟进会给上市公司管理层的业绩造成压力，研究结论有利于完善分析师在资本市场的作用。另一方面，分析师跟进能够导致上市公司避税程度加剧，这一研究结论给税收监管部门的税收征管提供了思路，有利于税务部门有效处理上市公司的避税问题，完善税收征管制度。

第6章

分析师发布现金流预测的动机研究

——基于信号传递理论

6.1 引　言

证券分析师作为资本市场上的中介机构，能够有效缓解上市公司和投资者之间存在的信息不对称程度，从而降低上市公司的股权融资成本，提高资本市场效率（Beaver, 2002；姜国华, 2004）。证券分析师是上市公司财务信息的使用者，为投资者更好地获取上市公司信息提供了帮助（李丹和贾宁, 2009），证券分析师所提供的信息会影响投资者的投资决策。由于分析师的研究报告对资本市场参与者产生重要影响，因此吸引了学者的广泛关注，成为财务和会计研究中的一个重要领域。

然而，分析师丑闻不绝于耳，诸如《新财富》最佳分析师叶志刚代客理财被监管机构调查①、中国宝安的石墨烯事件②，银河证券发布的攀钢钒钛的

---

① 详见：真相追踪：海通证券分析师叶志刚正在接受调查，和讯网，http：//stock. hexun. com/2009 – 08 – 06/120308912. html.
② 详见：宝安石墨门：券商研报利益链调查，网易财经，http：//money. 163. com/special/basmm/.

天价乌龙报告①，以及中国不信任分析师榜单②等事件常见于报端，致使不少投资者对分析师的职业道德和职业能力持怀疑和审慎的态度。然而由于信息不对称的存在，分析师报告的质量高低难以直接被投资者完全了解。为了减少投资者逆向选择的影响，高质量分析师会试图通过信号传递的方式来向投资者表明其研究报告具有更高的价值。因此，高质量的分析师如何在"鱼目混珠"的分析师市场中传递自身是高质量的信号值得探究。

　　相对于企业报告的营业利润可能存在盈余管理行为，公司报告的经营活动现金流量被认为是可靠的、不可操控的，现金流信息在盈余之外提供了增量信息（Bowen et al.，1987；Ali，1994；Dechow，1994）。因此越来越多的投资者和其他财务报表的使用者将目光投向企业经营活动现金流量，并将其视为判断企业业绩好坏的重要标志。那么分析师是否会在公布盈余预测的同时额外公布现金流预测以传递自己是高质量的信号呢？廖明情（2012）研究发现，高质量的分析师会通过同时发布盈利预测和收入预测的报告方式传递自己是高质量的信号，以增加自己的市场影响力。与收入预测相比，现金流预测要求分析师投入更多的时间和精力深入公司调研，预测中也需要使用更精准的分析方法和手段，而低质量的分析师却很难做到这一点（周冬华和黄迎，2014）。因此，高质量的分析师可以通过额外签发现金流预测研究报告，向市场成功发送自身是高质量的信号。近年来，除了盈余预测外，针对某些公司分析师还同时发布了现金流预测。数据显示，美国市场上的分析师现金流预测数量呈逐年上升趋势，分析师同时发布盈余预测和现金流预测的数量占分析师预测数量的比例从 1993 年的 2.5% 上升到 2005 年的 57.2%（Givoly et al.，2009）。相比国外，我国自 2002 年开始出现少量的分析师现金流预测，

---

　　①　详见：上半年 9 家券商发布乌龙研报专家质疑"黑色利益链"，央视网，http：//news. cntv. cn/20110721/102582. shtml.

　　②　详见张静：《中国不信任分析师排行榜：十大误判分析师》，载于《理财周报》2011 年。

之后逐年增加，截至 2012 年，具有分析师现金流预测的上市公司比例已经占全部 A 股上市公司的 40.95%。但迄今为止，学术界鲜有研究系统地探讨分析师额外签发现金流预测报告的动机及分析师特征与其发布现金流预测的关系。基于中国新兴加转轨的制度背景，本章从信号传递理论的视角研究了分析师发布盈余预测的同时额外签发现金预测报告的行为，具有较强的理论意义和实践价值。具体体现在以下三个方面：（1）本章基于信号传递理论的视角研究了分析师额外签发现金流预测报告的动机，丰富和拓展了现有证券分析师决策过程的文献。（2）本章的研究结论对投资者有一定的启示作用。投资者通过简单地观测分析师是否额外签发现金流预测报告来甄别分析师质量，这有助于其更好地利用分析师的研究报告来制定投资决策。（3）本章的研究结论对分析师有一定的启示作用。在中国目前"鱼目混珠"的分析师市场，额外签发现金流预测报告能够有效地传递自己高能力的信号，这有利于分析师更好地建立和维护其声誉。

6.2 研究假说的提出

目前，国内外文献对分析师的研究主要集中于分析师盈余预测和股票评级方面，具体包括分析师盈余预测和股票评级的信息含量及是否具有长期效应（Sundaresh et al.，2008；王宇熹等，2010）、预测行为有效性（岳衡和林小驰，2008；郭杰和洪洁瑛，2009）、预测准确性的影响因素（原红旗和黄倩茹，2007；方军雄，2007；白晓宇，2009；张然等，2012）、证券分析师影响市场的路径和机制（张宗新和杨万成，2016）等。但诸多的文献发现，由于客观或主观层面的原因，比如，分析师与公司管理层保持良好的关系（Richardson et al.，2004；Ke and Yu，2006）；上市公司与证券公司之间的利益关联（原红旗和黄倩茹，2007；潘越等，2011）；分析师自身的认知偏差（Nutt et al.，1999；Cen et al.，2012；伍燕然等，2012），分析师盈余预测过程中存在一定程度的偏差，因此，虽然证券分析师发布的盈余预测报告具有一定信息含量，但在应对复杂会计信息时仍有不足（季侃和全自强，2012）。

近年来，越来越多的分析师在发布盈余预测的同时发布现金流预测，分析师现金流预测引起了学者们的广泛关注。德丰和黄（DeFond and Hung，2003）从公司盈余、经营和财务状况角度探讨分析师发布现金流预测的原因。研究结果表明，当上市公司的应计项目较大并陷入财务危机时，分析师在发布盈余预测的同时更倾向于额外发布现金流预测报告，以满足投资者对现金流信息的需求。随后，德丰和黄（2007）检验了不同国家的分析师发布现金流预测的倾向，发现投资者保护较弱和盈余质量较差国家的分析师发布了更多的现金流预测。这些结果表明，当盈余预测信息并不能很好地估计未来现金流项目时，分析师往往更倾向于提供现金流预测信息。然而，公司的特征并不足以解释为什么针对同样的上市公司，部分分析师发布了现金流预测，而部分分析师并未发布现金流预测。随后，分析师个体特征，如分析师预测的经验、证券公司规模、分析师跟进上市公司家数和行业数等都会影响到分析师是否提供现金流预测（Ertimur and Stubben，2005）。王会娟等（2012）研究发现，分析师倾向于对应计项目占比越大、盈余波动性越强、资本密集度越高的公司发布现金流预测，以满足投资者对这类公司现金流信息的需求，同时结合我国独特的股权制度背景，发现公司为非国有控股时，分析师更可能发布现金流预测。

而随着中国分析师的丑闻等消息常见诸报端，投资者对分析师的职业道德和职业能力持怀疑和谨慎的态度。再加上我国信息不对称程度较严重，分析师报告的质量高低难以直接被投资者完全了解。为了减少投资者逆向选择的影响，高质量的证券分析师会愿意通过信号传递的方式来向投资者表明自己的分析师报告具有较高的可信度。而分析师预测内容的多少某种程度上昭示了分析师产生有价值信息能力的大小，分析师发布研究报告中包含的预测内容越多，意味着签发研究报告中的公司价值相关信息含量越大（黄永安，2014）。廖明情（2012）从收入预测的角度研究了分析师额外报告的信号作用，研究发现，额外报告收入预测的分析师预测，其盈利预测的准确性更高，并且市场对其盈利修改的反应更大。

在分析师市场中，分析师预测报告作为一种商品，其质量高低难以直接被买方完全了解。面临大量的预测报告，投资者往往难以区分不同分析师的预测质量。为了减少投资者逆向选择的影响，高质量的证券分析师会发出信号来向投资者表明他们提供的预测报告质量较高，以增加自己的市场影响力。对于投资者而言，一个简单的区分方法是观察分析师预测报告的内容和方式。如果分析师在发布盈余预测报告的同时还发布了其他预测报告，则表明分析师预测质量更高，如廖明情（2012）认为，相对于单独发布盈余预测的分析师，同时发布盈余预测和收入预测报告的分析师质量越高，其市场影响力越大。我们认为，上市公司收入和利润的计算都采用权责发生制，而且盈余的计算和预测往往依赖于收入的计算和预测，因此，分析师发布盈余预测的同时额外发布收入预测可能是"举手之劳"的附带产品，其信息含量的增量较少。与收入预测不同，上市公司现金流的计算采用收付实现制，现金流的预测需要的信息与盈余预测不同，因此要求分析师投入更多的时间和精力深入公司调研，以及预测过程中需要用到更精准的分析方法和手段（DeFond and Hung，2003；周冬华和黄迎，2014），而低质量的分析很难满足这一点。如果低质量的分析师模仿高质量分析师同样额外签发了现金流预测报告，那么事后发现其预测准确性较低，这将导致其声誉更进一步的下降。因此，低质量的分析师很难模仿高质量的分析师在发布盈余预测的同时额外签发现金流预测报告，分析师在发布盈余预测的同时额外签发现金流预测报告能够成功发送其是高质量的信号。基于此，我们提出研究假设1：

研究假设1：分析师质量越高，越可能在发布盈利预测的同时额外签发现金流预测报告。

分析师声誉是通过其执业质量、职业操守记录的积累而形成的，是分析师获得更多未来回报的一项"无形资产"（胡奕明和金洪飞，2006）。明星分析师可以通过其声誉影响市场（张宗新和杨万成，2016），并且建立和维护声誉就能带来有形的收入（Tadelis，1999）。因此，分析师有建立和维护声誉的动机，声誉直接影响分析师的职业前景，而且高声誉的分析师对市场的影响力更大（Leone and Wu，2007）。

明星分析师通常是由机构投资者等信息需求方评选出来的，要想获得这些精明投资者的青睐，分析师必须具备更强的能力，提供更有价值的信息。从这个角度来看，明星分析师的能力已经被银行和机构投资者等具有更高甄别能力的投资者所了解，并由媒体向大众报道。所以，不论是机构投资者还是普通投资者，都已经对明星分析师的高能力有了正确的认识。明星分析师因此有更好的声誉和市场号召力。在这种情况下，明星分析师发布现金流预测对其声誉和市场竞争力的增加微乎其微。与此同时，明星分析师发布现金流预测时却面临更大的风险。其原因在于，一旦预测结果与实际情况有较大出入，则是对明星分析师已有声誉的重大打击。因此，我们认为，明星分析师不会通过发布现金流预测这一行为，传递和自身能力相关的信号。

对于还没有在市场获得高声誉的分析师，情况就变得截然不同。首先，市场对于高能力的非明星分析师还没有达成一致的认可。由于分析师声誉能够给分析师带来切实的利益（Tadelis，1999），高能力的非明星分析师有追求更高的声誉内在动机。发布现金流预测是将其与能力较低、无法对公司现金流做出有把握预测的分析师区分开来的一个有效手段。其次，由于非明星分析师的名誉和地位还未完全确立，即使是现金流预测失误对分析师的声誉影响不大，因为非明星分析师在市场的声誉和地位都还没有确立。所以，在面对市场其他分析师以额外签发现金流预测作为高能力的信号传递机制时，非明星分析师有更强烈的动机在签发盈余预测的同时额外签发现金流预测报告，以期市场可以正确评估自身实力，增强其市场号召力。

但是，并非所有非明星分析师都会额外签发现金流预测报告。这是因为如果分析师本身的能力不够，相关资源与经验不充分，则无法对公司现金流做出准确的预测，从而无法发布现金流预测。但是对质量相对较高的非明星分析师而言，其自身的信息渠道、职业专注度、职业素养和研究经验等往往都足以支持他发布相对更加准确的现金流量预测质量，他们有动机也有能力报告现金流预测，向外界传递与自身能力相关的信号。因此，现金流量预测报告的签发有利于提高其市场影响力。所以，自身水平相对较高的分析师更可能报告现金流预测。基于此，我们提出研究假设2：

研究假设2：还未获得高声誉的非明星分析师，在发布盈余预测的同时签发现金流预测报告的概率越高。

机构客户是券商承销证券的主要购买者，机构客户巨大的证券交易量产生的佣金收入也是券商经纪业务收入的主要来源。如果证券公司的分析师对机构客户投资组合中的公司股票发布了不利的研究报告，可能会影响机构客户的投资业绩，导致机构客户解除与证券公司的业务关系。因而证券公司可能出于失去机构客户的担忧，不允许其分析师发布影响机构客户投资业绩的负面研究报告（O'Brien and Bhushan，1990）。除了通过佣金分配影响券商研究部门的收入进而间接影响分析师个人薪酬外，公募基金对分析师薪酬及职业发展的直接影响还体现在《新财富》杂志组织的最佳分析师评选中。根据《新财富》明星分析师评选机制的安排，基金经理拥有推选明星分析师的绝大多数投票权，因此，分析师必须讨好机构投资者，对于机构重仓持有的股票，往往给出更乐观的盈余预测。

　　然而这并非说明机构投资者总是喜欢有偏报告，他们更希望分析师能够提供有价值的信息做参考。《新财富》杂志于 2012 年针对基金经理的一项调查报告也表明，绝大多数的基金经理在投资决策时都会参考分析师的报告，高达 90% 的基金经理表示决策时会参考卖方研究成果。尽管分析师报告需要体现为明确的投资评级和盈余预测，但机构投资者在使用分析师报告时，并不总是直接运用其分析结论，而是更看重其研究假设和推理过程（Gu et al.，2013）。由此可见，除了在特殊情况下为机构投资者重仓股票出具偏乐观报告外，分析师必须提供有信息含量的研究报告才能满足机构投资者的需求（赵良玉等，2013）。因此，从维护机构投资者关系的角度而言，对于机构投资者持股比例更高的上市公司，分析师倾向于提供更多的预测信息以供其参考使用，因此对这类公司，分析师更可能同时签发盈余预测和现金流预测。这对于一般的分析师可能是个挑战，但是现金流预测报告的签发对高质量的分析师并非难事，其专业能力一定程度上支持其发布现金流预测，因此高质量的分析师在面对机构投资者持股比例更高的上市公司，同时签发盈余预测和现金流预测的可能性更高。基于此，我们提出假设 3：

　　研究假设 3：机构投资者持股比例越高的公司，高质量的分析师额外签发现金流预测报告的可能性越大。

6.3　数据来源及研究设计

6.3.1　研究样本与数据来源

　　本章选取的沪深 A 股主板市场（不含创业板）的 2008 ~ 2015 年分析师盈

利和现金流预测数据来自于 CSMAR（国泰安）数据库。分析师所属券商规模排名数据来自于中国证券业协会网站。我们剔除财务数据缺失的上市公司。其他财务数据来源于 CSMAR 数据库和 WIND 数据库，个别数据进行手工整理。由于金融、保险行业具有其行业的特殊性，我们剔除了金融、保险行业上市公司。本章主要使用统计分析软件 Stata12.0 分析处理相关数据并进行后续的计量。

6.3.2　模型设计与变量定义

为检验该假设，拟采用模型（5 – 1）的 Logistic 回归进行相关检验：

$$P(Dis_{ijt} = 1) = \alpha + \beta_1 Ability_{ijt} + \sum_{i=1} \beta_i Controls_{ijt} + \sum \beta_i Year_i$$

$$+ \sum_{i=1} \beta_i Ind_i + \varepsilon \qquad (5 – 1)$$

其中，Dis 为哑变量，如果分析师在报告盈利预测的同时报告现金流预测，则为 1，否则为 0。$Ability$ 为分析师的质量，采用分析师的内在能力来度量。借鉴陈和蒋（Chen and Jiang, 2006），郭杰和洪洁瑛等（2009）的方法，我们用 $Ability$（Dir）和 $Ability$（Beat）两个变量衡量分析师的真实能力。直观地，$Ability$（Dir）衡量的是分析师在公布自身盈余预测后将市场一致预测盈余（盈余预测平均值）移向实际盈余的频率。$Ability$（Beat）则衡量的是分析师的盈余预测比市场一致预测更准确的频率。$Ability$（Dir）和 $Ability$（Beat）的具体计算如下：

$$Ability(Dir)_{ij} = -\frac{1}{N_{ij}} \sum_{t=1}^{N_{ij}} sign(FE\_Con_{ijt} \cdot Dev_{ijt})$$

$$Ability(Beat)_{ij} = -\frac{1}{N_{ij}} sign(|FE\_Con_{ijt}| - |FE_{ijt}|)$$

其中，$sign$ 表示括号里数值的符号，FE_Con_{ijt} 是分析师 i 预测的公司 j

的市场一致的预测误差（市场一致预测盈余减去实际盈余），公司的市场一致预测盈余等于分析师 i 发布预测之前其他分析师盈余预测的加权平均值，选择预测天数的倒数作为权重，这样给予最近发布的盈余预测更大的权重（因为最近的通常更为准确）；Dev_{ijt} 是指分析师盈余预测误差与市场一致预测误差之差；FE_{ijt} 是分析师 i 个人对上市公司 j 的预测误差；N_{ij} 是指分析师 i 对公司 j 的经过验证的预测次数（经过验证的预测是那些样本期内预测误差可以被观测到的预测）。$Ability$（Dir）和 $Ability$（Beat）均考虑了公司盈余可预测性之间的差异和随着盈余公布日的临近盈余预测的精确性更高的事实，有利于横截面的比较。由于上述两种衡量分析师内在能力的指标高度正相关，因此在回归分析时我们交替使用二者作为分析师质量的替代变量。

$Controls$ 为其他一系列控制变量，根据佩和尹（Pae and Yoon，2012）等相关文献，模型中还拟加入公司特征变量，如资产规模（$Size$）、上市公司注册地与分析师所在地是否一致（LOC）、增发行为（SEO）、机构投资者持股比例（INS）、微正现金流量（$Cash\_01$）和行业变量以及年度变量等。具体控制变量定义如表 6-1 所示。

表 6-1　　　　　　　　　　　　　　变量定义

变量名	变量定义
DIS	哑变量，分析师在发布盈余预测的同时发布现金流预测则取值为 1，否则取值为 0
Ability_dir	分析师内在能力指标 1，具体计算过程见上文
Ability_beat	分析师内在能力指标 2，具体计算过程见上文
Star	为明星分析师，若分析师当年度入选《新财富》杂志评选的明星分析师，则为 1，否则为 0
Edu	分析师学历，若分析师学历为硕士研究生或博士研究生则赋值为 1，否则为 0
Gend	分析师性别，若分析师性别为男性，则该值赋值为 1，否则为 0

变量名	变量定义
OP	分析师获取管理层信息的程度，如果分析师最后一次发布的盈余预测小于或等于真实盈余而上一次盈余预测大于真实盈余则取值为1。否则取值为0
$FREQ_{ijt}$	这个定义与以往的研究，如 Ertimur 等（2011）和廖明情（2012）相一致。分析师预测的次数。为了消除规模的影响，我们在回归中采用分析师 i 对 j 公司在 t 年度在发布盈余预测的频率进行计算。具体计算方法为第 t 年 i 分析师对 j 公司发布预测的次数减去 t 年跟踪公司 j 的所有分析师发布的盈余预测次数的最小值除以 t 年所以分析师对公司 j 发布的盈余预测次数的差
N_ind_{ijt}	分析师 i 在 t 年度所跟进的公司所处的行业数
$Last_{ijt}$	哑变量，若分析师发布的某次预测为其对该公司 t 年度的会计盈余发布的最后一次预测，则取值为1，否则为0
$First_{ijt}$	哑变量，若分析师发布的某次预测为其对该公司 t 年度的会计盈余发布的第一次预测，则取值为1，否则为0
$Horizon$	分析师 i 发布 t 年度盈余预测时距离年报披露的天数。为了消除各个公司之间信息披露情况不同的影响，我们对预测时间进行去规模化处理。具体计算方法为第 t 年 i 分析师对 j 公司发布第 k 次预测距离年报披露的时间，减去 t 年跟踪公司 j 的所有分析师发布的盈余预测距离年报披露日期的最小值，除以 t 年所以分析师对公司 j 发布的盈余预测距年报披露时间最大值减与最小值的差
$Connect$	券商与上市公司利益关联。哑变量，若证券公司前三年内承接了上市公司 IPO，增加或配股业务，则取值为1，否则为0
$Big10$	哑变量，衡量分析师所在券商规模。若券商总资产排名前十则取值为1，否则为0
$Local$	哑变量，若公司注册地与分析师所在券商注册地一致则取值为1，否则为0
Ins_{jt}	机构投资者持股比例，为上市公司 j 在 t 年度被机构投资者持有的股票
$N\_follows_{jt}$	t 年度对 j 公司发布过预测的分析师的数量
$Cash\_01_{jt}$	微正现金流量，哑变量。如果 j 公司 t 年度现金流量为正且小于公司总资产的1%则该变量为1，否则为0
DA_{jt}	可操控性应计，为第 i 家上市公司第 t 期采用修正 Jones 模型估计的操控性应计（DA），作为上市公司信息透明度的替代变量
$Size_{jt}$	公司规模，以公司总资产的对数衡量

变量名	变量定义
Lev_{jt}	公司资产负债率
ROA_{jt}	盈利能力，以公司的资产收益率衡量
BM_{jt}	公司账面市值比
PER_{jt}	公司市盈率

6.4　实证结果及其分析

6.4.1　描述性统计

本章计算了上述研究模型所涉及变量的描述性统计量，如表 6－2 所示。我们可以看到，样本中发布现金流预测的指示变量（DIS）的均值为 0.356，说明我国分析师发布的盈余预测中有 35.6% 伴随着额外的现金流预测。衡量分析师个人能力的两个指标（$Ability\_dir$ 和 $Ability\_beat$）的均值分别为 0.336 和 0.221，标准差分别为 0.658 和 0.688，说明我国证券市场上分析师能力存在较大差异。明星分析师（$Star$）的均值为 0.122，说明明星分析师占所有分析师比例的 12.2%。最后一次发布盈余预测（$Last$）的均值为 0.0564，说明有最后一次发布的预测占总体盈余预测的 5.64%。分析师学历（Edu）的均值为 0.912，说明我国券商分析师有 91.2% 以上有硕士以上学历，整体学历比较高。分析师性别（$Gend$）均值为 0.703，说明我国男性分析师占全部分析师的 70.3%，而女性分析师占有 29.7% 的比例，总体表现为分析师男女比例轻微失衡。分析师获取管理层信息（OP）的均值为 0.0144，说明有 1.44% 的预测是分析师先前发布过乐观的盈余预测，而在得到管理层信息之后，采取了修正，随即发布更为稳健的预测。分析师盈余预测的频率（*FREQ*）的均值和标准差分别为 2.139 和 1.903，最大值和最小值分别为 29 和 1，说明我国证券分析师平均每年对每个公司发布 2.1 次盈余预测，并且不同分析师对不同公司发布的盈余预测数量上有较大的差异，因此我们在回归中采用了去规模化的分析师发布预测频率进行计量。分析师跟踪行业数（*N_ind*）和分析师跟踪公司数（*N_firms*）的均值分别为 2.680 和 9.854，说明我国分析师平均每年跟踪 2~3 个行业的 9.8 家公司。最后一次预测（*Last*）均值为 0.507，说明有大约 50% 的盈余预测是最后一次预测，第一次预测（*First*）的均值为 0.639，表明我国证券分析师市场上有 63.9% 的盈余预测是该分析师当年度第一次发布的。分析师发布盈余预测距年报披露天数（*Horizon*）均值为 203.6，标准差为 95.05，说明分析师发布盈余预测平均在年报披露 203 天之前，但是不同的预测之间存在较大的差异，所以我们对每次分析师的预测时间进行了去规模化处理。券商与公司利益关联（*Connect*）的均值为 0.00168，说明有 0.17% 的券商与公司之前存在利益关联。前十大券商（*Big*10）均值为 0.134，说明总资产排名前十的公司占全部证券公司的 13.4%。券商注册地（*Local*）均值为 0.150，说明有 15% 的证券公司注册地与其跟进的公司在同一地点。上市公司微正现金流（*Cash_*01）均值为 0.0511。机构投资者持股比例（*Ins*）均值为 39.51，最小值和最大值分别为 0 和 98.51，说明我国机构投资者持股整体在四成，且不同公司之间差异较大。可操纵性应计（*DA*）最小值与最大值分别为 −1514 与 9.655，均值为 −0.214，方差为 17.39。说明该变量受到极端异常值影响。资产负债率（*Lev*）均值为 0.456，最小值与最大值分别为 0.0057 与 55.41，显然极端异常值对该指标有严重影响。资产收益率（*ROA*）均值为 0.0437，说明我国上市公司整体盈利，最大值和最小值分别为 2.637，

表6-2

样本公司相关变量描述性统计

变量	样本量	平均值	标准差	最小值	25分位	中位数	75分位	最大值
DIS	249595	0.356	0.479	0	0	0	1	1
Ability_dir	12804	0.336	0.658	-1	0	0.486	1	1
Ability_beat	12804	0.221	0.688	-1	-0.200	0.333	1	1
分析师特征控制变量								
Star	12879	0.122	0.327	0	0	0	0	1
Edu	6259	0.912	0.284	0	1	1	1	1
Gend	8025	0.703	0.457	0	0	1	1	1
OP	12879	0.0144	0.119	0	0	0	0	1
FREQ	12879	2.139	1.903	1	1	1	3	29
N ind	12215	2.680	1.943	1	1	2	4	18
Last	249595	0.507	0.5	0	0	1	1	1
First	206752	0.639	0.48	0	0	1	1	1
N days	249247	203.6	95.05	1	135	211	274	365
券商特征控制变量								
Connect	595	0.00168	0.0410	0	0	0	0	1
Big10	595	0.134	0.341	0	0	0	0	1
Local	595	0.150	0.357	0	0	0	0	1
公司特征控制变量								
N_follow	10345	12.20	11.27	1	3	9	18	86
Cash_10	10371	0.0511	0.220	0	0	0	0	1
Ins	10261	39.51	24.70	0	17.67	40.29	59.12	98.51
DA	8993	-0.214	17.39	-1514	-0.0448	0.0407	0.121	9.655

续表

变量	样本量	平均值	标准差	最小值	25 分位	中位数	75 分位	最大值
Size	10369	22.19	1.509	13.76	21.16	21.91	22.92	30.66
Lev	10369	0.465	0.606	0.00752	0.289	0.459	0.621	55.41
ROA	10369	0.0437	0.0704	-3.268	0.0150	0.0379	0.0672	2.637
BM	10083	1.141	1.651	0.000425	0.410	0.681	1.261	21.92
PER	10083	61.99	417.3	-18665	17.92	30.75	55.22	18134

和 - 3. 268，表明该变量也受到极端异常值的影响。账面市值比（BM）均值和标准差分别为 1. 1411 和 1. 651，说明我国上市公司账面市值比差异较大。市盈率（PER）均值为 61. 99，最大值和最小值分别为 18134 和 - 18665，说明该变量受到极端异常值的影响。由于样本公司的资产负债率（Lev）、市盈率（PER）等指标明显受到极端异常值的影响，我们对公司特征控制变量进行了缩尾处理。

表 6 - 3 列示了主要变量的相关系数矩阵。衡量分析师内在能力的两个指标 Ability_dir 和 Ability_beat 两者高度相关，说明两者对分析师内在能力的衡量不存在自相矛盾的现象，且通过了 1% 水平的显著性测试。两个分析师能力的指标都和额外发布现金流预测（DIS）显示出高度正相关关系，与原假设一致，初步说明更高能力的分析师愿意发布额外的现金流预测。其他各个变量之间相关系数均小于 0. 5，总体说明变量选取与模型设计较为合理，不存在严重的多重共线性问题。

表 6 - 4 比较了额外报告现金流预测的分析师和未发布现金流预测的分析师的内在能力的区别。结果显示额外发布过现金流预测的分析师的能力显著高于未发布现金流预测的分析师。Ability_dir 衡量的分析师能力在两个组之间有 - 0. 0528 的差异，与此同时 Ability_beat 衡量的分析师能力在两个组之间有 - 0. 0586 的差异，且两组检验均通过了 1% 水平的显著性测试。中位数检验也得出了相同的结果。发布过现金流预测的分析师能力的中位数显著高于未发布过现金流预测的样本组，两个度量分析师能力变量均通过了 5% 水平的显著性检验。

表 6 - 3

主要变量的相关系数矩阵

	Ability_dir	Ability_beat	DIS	Star	Last	Gend	Connect	Big10	Edu	First	Local
Ability_dir		0.883***	0.0388***	0.0411***	0.0204***	-0.0130***	-0.0164***	0.0153***	0.0213***	0.0903***	-0.0147***
Ability_beat	0.880***		0.0483***	0.0243***	0.0198***	-0.0138***	-0.0136***	0.0193***	0.0145***	0.0743***	-0.0202***
DIS	0.0385***	0.046*		-0.0396***	0.0508***	-0.00790***	-0.165***	-0.0194***	0.0118***	-0.0048	-0.00930***
Star	-0.0120***	-0.00780***	-0.0396***		0.00780***	-0.0034	-0.0651***	-0.0166***	0.171***	0.146***	-0.0188***
Last	0.0107***	0.0120***	0.0508***	0.00780***		-0.0154***	-0.0982***	-0.0727***	-0.0046	0.0893***	-0.0135***
Gend	-0.0100***	-0.0119***	-0.00790***	-0.0034	-0.0154***		0.0368***	0.0012	0.00700**	-0.0228	0.0258***
Connect	0.0013	0	-0.165***	-0.0651***	-0.0982***	0.0368***		0.0305***	0.0101	-0.0623***	0.0424***
Big10	0.0157***	0.0189***	-0.0194***	-0.0166***	-0.0727***	0.0012	0.0305***		0.0015	0.0140	-0.0154***
Edu	0.0302***	0.0194***	0.0118***	0.17***	-0.0046	0.00700**	0.0101	0.0015		-0.00570*	0.0035
First	0.00860***	0.0201***	-0.0048	0.146***	0.0893***	-0.0228	-0.0623***	0.0140***	-0.00570*		-0.00970***
Local	-0.00880***	-0.0154***	-0.00930***	-0.0188***	-0.0135***	0.0258	0.0424***	-0.0154***	0.0035	-0.00970***	

注：(1) ***、**、* 分别表示在置信度（双测）为 0.01、0.05 和 0.1 时，相关性是显著的。（下同）
(2) 右上方为非参数 Spearman 检验系数，左下方为参数 Pearson 参数检验系数。

表 6 – 4　　　　主要变量的比较分析：没有现金流预测 vs. 现金流预测

变量	未发布过现金流预测		发布过现金流预测		Mean Difference	t-value	Median Difference	z-value
	Mean	median	Mean	median				
Ability_dir	0.311	0.439	0.364	0.5	− 0.0528	− 3.739 ***	− 0.061	− 2.33 **
Ability_beat	0.194	0.263	0.253	0.333	− 0.0586	− 4.015 ***	− 0.07	− 3.188 **

注：*** 、** 分别表示在置信度（双测）为 0.01、0.05 时，相关性是显著的。

6.4.2　实证回归结果

本章采用 Logit 回归基于截面数检验了前文中假设的分析师能力对分析师发布现金流预测的影响，回归结果如表 6 – 5 所示，其中模型 1 和模型 2 分别采用 *Ability_dir* 和 *Ability_beat* 度量分析师能力，回归结果的 R^2 都大于 6%，样本回归结果整体较为理想。回归结果显示分析师能力（*Ability_dir*）与分析师是否发布现金流预测（*DIS*）高度正相关（系数为 0.0852 且通过了 1% 水平的显著性水平测试）。另一个衡量分析师能力的变量分析师能力（*Ability_beat*）的系数为 0.0816，在 1% 显著性水平上正相关。证实了前文中的假设，说明高能力的分析师更倾向于发布现金流预测，向外界传递自身具有更高能力的信号，低质量的分析师很难模仿高质量的分析师在发布盈余预测的同时额外签发现金流预测报告。明星分析师（*Star*）的系数为 − 0.005，这说明，相比于非明星分析师，明星分析师更不愿意发布现金流预测。明星分析师已经有了较高声誉，在市场上有一定号召力，再通过发布现金流预测对其声誉的增加微乎其微，同时预测结果不理想给分析师声誉带来的负面影响却是重大的。因此明星分析师额外发布现金流预测的概率也就越小。

表 6 - 5 　　　　　　　　　　　　分析师能力与现金流预测回归

变量	系数	z 值	系数	z 值
Ability_dir	0. 0852 ***	(2. 797)		
Ability_beat			0. 0816 ***	(2. 924)
分析师特征控制变量				
FREQ	0. 1387 ***	(3. 175)	0. 1380 ***	(3. 158)
Star	− 0. 0050 **	(− 2. 224)	− 0. 0051 **	(− 2. 249)
Horizon	− 0. 0291 ***	(− 5. 575)	− 0. 0291 ***	(− 5. 562)
N_ind	− 0. 0709 **	(− 2. 371)	− 0. 0709 **	(− 2. 372)
First	− 0. 1108 **	(− 2. 465)	− 0. 1116 **	(− 2. 482)
Gend	0. 1765 ***	(5. 892)	0. 1767 ***	(5. 898)
Edu	− 0. 0625	(− 0. 927)	− 0. 0631	(− 0. 937)
OP	0. 1437 ***	(2. 881)	0. 1457 ***	(2. 929)
证券公司特征控制变量				
Connect	− 0. 0471	(− 0. 273)	− 0. 0467	(− 0. 271)
Big10	− 0. 8171 ***	(− 18. 616)	− 0. 8168 ***	(− 18. 612)
Local	0. 0152	(0. 256)	0. 0156	(0. 264)
公司特征控制变量				
Cash_10	− 0. 0831	(− 1. 291)	− 0. 0812	(− 1. 264)
Ins	0. 0006	(0. 890)	0. 0006	(0. 914)
DA	0. 0357	(0. 279)	0. 0323	(0. 252)
Size	− 0. 0170	(− 1. 101)	− 0. 0160	(− 1. 040)
Lev	− 0. 0282	(− 0. 236)	− 0. 0269	(− 0. 225)
ROA	0. 4514	(1. 148)	0. 4641	(1. 182)
BM	− 0. 0622 **	(− 2. 162)	− 0. 0624 **	(− 2. 169)
PER	− 0. 0001	(− 0. 325)	− 0. 0001	(− 0. 368)
常数	− 0. 2598	(− 0. 759)	− 0. 2707	(− 0. 793)
N	91249		91249	
r2_p	0. 0595		0. 0595	
chi2	6636. 76		6635. 15	

注： *** 、 ** 、 * 分别表示在 1% 、5% 、10% 水平上统计显著；回归结果按照公司代码进行了 Cluster 处理。

控制变量的回归结果显示，预测发布距年报披露天数（N_days）与分析师发布现金流预测负相关，且通过了 1% 水平的显著性测试。说明盈余预测发布越早，分析师所拥有的有关公司现金流的信息也就越不充分，分析师更难发布现金流预测。分析师跟踪行业数（N_ind）的系数在 1% 显著性水平上显著为负，说明分析师跟踪的行业数越多，越没有精力对公司进行深入的研究，因此额外发布现金流预测的可能性就越小。是否第一次预测（First）的系数显著为负。说明分析师在第一次对公司进行预测的时候可能拥有较少的信息而不愿意发布额外的现金流预测。证券公司规模（Big10）的系数也为负，说明所属券商为大规模证券公司分析师不愿意发布现金流预测。分析师性别（Gend）的系数分别为 0.1765 和 0.1767，且通过了 1% 显著性水平测试，说明男性分析师更愿意发布现金流预测。分析师获取私有信息的能力（OP）的系数显著为正，说明拥有私有信息的分析师更愿意发布现金流预测。

根据信号传递理论，高能力的非明星分析师有更强烈的动机签发现金流预测，展示自身实力，以得到市场认可，获得更良好的声誉。表 6 - 5 列示了分析师能力与分析师现金流预测分组的回归结果。表 6 - 5 模型 2 结果显示，对于非明星分析师来说，分析师能力与是否发布现金流预测呈显著正向相关。衡量分析师能力的两个指标 Ability_dir 和 Ability_beat 的系数分别为 0.0824 和 0.0851，均通过了 1% 水平的显著性测试。与之相对的，表 6 - 6 模型 1 结果表明明星分析师一组分析师能力与现金流预测虽然呈正相关关系，但是并不显著（仅在模型 1 中以 Ability_beat 度量的 z 值为 1.755）。这一结果与我们之前的假设一致。说明明星分析师发布现金流预测彰显自身实力动机不明显，而高能力的非明星分析师选择发布现金流预测作为向外界传递信号的手段。

表 6 - 6　　　　　**分析师能力、是否明星分析师与额外现金流预测**

变量	模型 1：明星分析师		模型 2：非明星分析师	
Ability_dir	0. 0824 (1. 132)		0. 0851 *** (2. 746)	
Ability_beat		0. 1156 * (1. 755)		0. 0671 ** (2. 297)
分析特征控制变量				
FREQ1	- 0. 2294 *** (- 2. 716)	- 0. 2282 *** (- 2. 703)	0. 3268 *** (6. 859)	0. 3252 *** (6. 820)
Horizon	- 0. 0028 (- 0. 635)	- 0. 0028 (- 0. 627)	- 0. 0058 * (- 1. 892)	- 0. 0059 * (- 1. 918)
N_ind	- 0. 0806 *** (- 6. 088)	- 0. 0804 *** (- 6. 074)	- 0. 0113 ** (- 2. 111)	- 0. 0113 ** (- 2. 107)
First	- 0. 0145 (- 0. 248)	- 0. 0156 (- 0. 267)	- 0. 1052 *** (- 3. 281)	- 0. 1045 *** (- 3. 265)
Gend	0. 4222 *** (6. 673)	0. 4214 *** (6. 665)	0. 0782 ** (2. 064)	0. 0783 ** (2. 065)
Edu	- 0. 3448 ** (- 2. 266)	- 0. 3463 ** (- 2. 275)	0. 0419 (0. 582)	0. 0415 (0. 577)
Op	0. 1449 (1. 520)	0. 1445 (1. 519)	0. 1146 * (1. 955)	0. 1179 ** (2. 015)
证券公司特征控制变量				
Connect	- 0. 1081 (- 0. 378)	- 0. 1057 (- 0. 367)	0. 0473 (0. 225)	0. 0489 (0. 234)
Big10	- 1. 0038 *** (- 13. 506)	- 1. 0027 *** (- 13. 474)	- 0. 7820 *** (- 16. 282)	- 0. 7818 *** (- 16. 286)
Local	0. 1856 * (1. 677)	0. 1868 (1. 687)	- 0. 0697 (- 1. 158)	- 0. 0696 (- 1. 156)
公司特征控制变量				
Cash_10	- 0. 1479 (- 1. 058)	- 0. 1464 (- 1. 051)	- 0. 0794 (- 1. 012)	- 0. 0782 (- 0. 997)
Ins	0. 0022 (1. 466)	0. 0022 (1. 472)	- 0. 0001 (- 0. 121)	- 0. 0001 (- 0. 093)
DA	0. 4602 * (1. 725)	0. 4496 * (1. 685)	- 0. 1623 (- 1. 099)	- 0. 1622 (- 1. 099)

续表

变量	模型1：明星分析师		模型2：非明星分析师	
Size	−0.0519 (−1.614)	−0.0499 (−1.553)	−0.0126 (−0.788)	−0.0120 (−0.749)
Lev	0.0001 (0.001)	−0.0006 (−0.002)	−0.1072 (−0.858)	−0.1075 (−0.861)
ROA	1.5547* (1.786)	1.5455* (1.778)	0.0653 (0.143)	0.0744 (0.164)
BM	0.0514 (0.852)	0.0500 (0.829)	−0.0858*** (−3.279)	−0.0858*** (−3.279)
PER	0.0001 (0.231)	0.0001 (0.192)	−0.0003 (−0.980)	−0.0003 (−1.010)
常数	−0.1222 (−0.167)	−0.1572 (−0.215)	−1.5179*** (−4.297)	−1.5169*** (−4.292)
N	30418	30418	60815	60815
r2_p	0.1093	0.1096	0.0663	0.0662
chi2	839.8012	838.4552	1425.59	1427.15

注：***、**、*分别表示在1%、5%、10%水平上统计显著；回归结果按照公司代码进行了 Cluster 处理。

关于其他控制变量，明星分析师和非明星分析师的差异也是显著的，模型1中分析师预测频率（FREQ）与分析师发布现金流预测的可能性负相关，说明对于明星分析师，其发布盈余预测频率越高频率现金流预测的可能性越小；对于非明星分析师，分析师预测频率越高，分析师发布现金流的概率越大。模型2中管理层私有信息（OP）与分析师发布现金流预测的概率呈正相关，但是在模型1明星分析师那一组中改变量系数并未通过显著性测试。说明非明星分析师会利用从管理层获取的私有信息发布现金流预测，但是明星分析师不会。两个模型中券商规模（Big10）都与现金流预测负相关。说明大规模券商旗下的分析师更不愿意发布现金流预测。

证券公司和分析师为了维护与机构投资者之间的关系，对于机构投资者持股比例更高的上市公司，分析师倾向于提供更多的预测信息以供其参考使用。为了检验是否对于机构投资者持股比例较不同的公司，分析师行为的差异，我们对机构投资者比例是否大于平均值分组进行了 Logit 回归分析，分析结果如表 6 - 7 所示。结果显示，在机构投资者持股比例高的样本中（模型 1），分析师内在能力与其发布现金流预测的概率显著正相关；而在机构投资者持股比例较低的分组（模型 2）中，分析师能力的系数均为正，但未通过显著性测试。这说明能力高的分析师会维持与投资机构的关系，发布具有更多信息的附带有现金流预测的盈余预测报告。从另一角度来说，机构投资者是分析师研究报告的主要客户，机构投资者的评价对分析师尤为重要，因此分析师会通过发布现金流预测向机构投资者展示自身实力，以获得更高的声誉和市场认可。

表 6 - 7　　　　分析师能力、机构投资者与额外现金流预测

	模型 1：机构投资者持股比例高		模型 2：机构投资者持股比例低	
Ability_dir	0.1026 *** (2.797)		0.0509 (0.963)	
Ability_beat		0.1065 *** (3.175)		0.0351 (0.711)
分析师特征控制变量				
FREQ1	0.1725 *** (3.348)	0.1718 *** (3.332)	0.0565 (0.719)	0.0557 (0.708)
Horizon	-0.0091 ** (-2.442)	-0.0092 ** (-2.424)	-0.0031 (-1.079)	-0.0032 (-1.106)
N_ind	-0.0266 *** (-4.337)	-0.0265 *** (-4.318)	-0.0352 *** (-3.445)	-0.0352 *** (-3.444)
First	-0.0332 (-0.982)	-0.0332 (-0.983)	-0.1866 *** (-3.008)	-0.1864 *** (-3.009)
Star	-0.0293 (-0.583)	-0.0307 (-0.612)	-0.3449 *** (-3.786)	-0.3450 *** (-3.788)

续表

	模型 1：机构投资者持股比例高		模型 2：机构投资者持股比例低	
Gend	0.1890 ***	0.1891 ***	0.1578 ***	0.1578 ***
	(5.486)	(5.490)	(2.609)	(2.611)
Edu	−0.0795	−0.0808	0.0680	0.0680
	(−1.057)	(−1.077)	(0.534)	(0.534)
Op	0.1749 ***	0.1771 ***	0.0327	0.0346
	(2.937)	(2.979)	(0.345)	(0.366)
证券公司特征控制变量				
Connect	−0.0322	−0.0321	−0.0891	−0.0858
	(−0.164)	(−0.163)	(−0.276)	(−0.265)
Big10	−0.8712 ***	−0.8709 ***	−0.6881 ***	−0.6877 ***
	(−16.949)	(−16.935)	(−8.658)	(−8.664)
Local	−0.0004	0.0000	0.0675	0.0677
	(−0.005)	(0.000)	(0.680)	(0.680)
公司特征控制变量				
Cash_10	−0.2072 ***	−0.2051 ***	0.2036 *	0.2051 *
	(−2.928)	(−2.895)	(1.787)	(1.807)
DA	0.0777	0.0696	−0.1423	−0.1397
	(0.508)	(0.457)	(−0.598)	(−0.587)
Size	−0.0115	−0.0098	−0.0007	−0.0007
	(−0.678)	(−0.577)	(−0.024)	(−0.025)
Lev	0.0987	0.1016	−0.2066	−0.2084
	(0.717)	(0.738)	(−0.915)	(−0.922)
ROA	0.4134	0.4230	1.4476 **	1.4587 **
	(0.909)	(0.932)	(1.962)	(1.975)
BM	−0.0803 **	−0.0813 **	0.0036	0.0044
	(−2.330)	(−2.365)	(0.086)	(0.106)
PER	0.0000	−0.0000	−0.0001	−0.0001
	(0.023)	(−0.045)	(−0.326)	(−0.328)
常数	−0.5472	−0.5756	−0.2866	−0.2741
	(−1.405)	(−1.482)	(−0.445)	(−0.424)
N	69592	69592	22512	22512
r2_p	0.0634	0.0635	0.0561	0.0560
chi2	5352.26	5356.12	499.6723	500.3211

注：***、**、*分别表示在 1%、5%、10% 水平上统计显著；回归结果按照公司代码进行了 Cluster 处理。

6.4.3 进一步研究

以往的研究表明，分析师的教育程度会影响分析师的信息关注深度、分析能力和分析质量，也会影响投资者对分析师的关注（尹玉刚，2014），还会影响分析师预测准确性（李悦、土超，2011）和分析师的声誉（胡奕明和金洪飞，2006）。不同学历的分析师在发布盈余预测的过程中受影响因素也因此不同。我们研究了不同学历的分析师在发布盈余预测过程中，分析师能力与额外发布现金流预测的关系。结果如表6-8所示。回归结果显示，在高学历分析师预测样本中（模型1）分析师能力与分析师发布现金流的概率显著正相关；在分析师学历为本科或以下的样本中（模型2），分析师能力与现金流预测的概率并没有显著性关系。这说明高学历的分析师会为了提高自身声誉发布现金流预测，而低学历的分析师不会选择发布现金流预测作为传递信号的手段。

表6-8 分析师能力、分析师学历与额外现金流预测

	模型1：硕士研究生以上		模型2：本科及以下	
Ability_dir	0.1015 *** (3.154)		-0.1167 (-1.375)	
Ability_beat		0.0956 *** (3.233)		-0.0979 (-1.140)
分析师特征控制变量				
FREQ1	0.1479 *** (3.250)	0.1468 *** (3.226)	0.1656 (1.262)	0.1660 (1.267)
Horizon	-0.0040 * (-1.860)	-0.0041 * (-1.892)	-0.0165 * (-1.847)	-0.0161 * (-1.848)
N_ind	-0.0635 *** (-9.671)	-0.0634 *** (-9.658)	0.0763 *** (7.664)	0.0763 *** (7.661)

续表

	模型1：硕士研究生以上		模型2：本科及以下	
First	−0.0637 ** (−2.106)	−0.0638 ** (−2.112)	−0.0803 (−0.821)	−0.0818 (−0.836)
Star	−0.1326 *** (−2.828)	−0.1334 *** (−2.847)	0.8238 *** (6.153)	0.8254 *** (6.156)
Gend	0.1491 *** (4.991)	0.1493 *** (4.997)	0.7796 *** (4.141)	0.7796 *** (4.136)
Op	0.1574 *** (3.041)	0.1599 *** (3.098)	0.1278 (0.734)	0.1259 (0.724)
Connect	−0.0360 (−0.199)	−0.0363 (−0.201)	−0.1922 (−0.446)	−0.1943 (−0.453)
Big10	−0.8277 *** (−17.873)	−0.8271 *** (−17.864)	−1.2039 *** (−7.901)	−1.2020 *** (−7.892)
Local	0.0063 (0.100)	0.0068 (0.108)	0.0207 (0.137)	0.0205 (0.135)
公司特征控制变量				
Cash_10	−0.0830 (−1.215)	−0.0808 (−1.185)	−0.0724 (−0.352)	−0.0746 (−0.363)
Ins	0.0005 (0.698)	0.0005 (0.721)	0.0007 (0.288)	0.0007 (0.270)
DA	0.0194 (0.140)	0.0158 (0.115)	0.0168 (0.035)	0.0205 (0.043)
Size	−0.0140 (−0.836)	−0.0129 (−0.771)	−0.0409 (−0.746)	−0.0418 (−0.764)
Lev	0.0090 (0.069)	0.0107 (0.082)	−0.5876 (−1.485)	−0.5826 (−1.471)
ROA	0.1272 (0.299)	0.1422 (0.334)	4.7187 *** (3.623)	4.7218 *** (3.607)
BM	−0.0657 ** (−2.055)	−0.0659 ** (−2.067)	0.0449 (0.635)	0.0443 (0.622)

续表

	模型1：硕士研究生以上		模型2：本科及以下	
PER	−0.0001 (−0.501)	−0.0001 (−0.547)	−0.0009 (−1.377)	−0.0009 (−1.348)
常数	−0.2412 (−0.648)	−0.2539 (−0.683)	−0.7231 (−0.620)	−0.7260 (−0.624)
N	83973	83973	7272	7272
r^2_p	0.0635	0.0635	0.1668	0.1667
chi2	6360.98	6358.11	1218.80	1219.33

注：***、**、*分别表示在1%、5%、10%水平上统计显著；回归结果按照公司代码进行了Cluster处理。

　　有关其他控制变量，分析师跟踪的行业数（*N_ind*）在两个模型中也有较大的差异。高学历分析师样本中（模型1），分析师跟踪的行业数（*N_ind*）的系数显著为负；分析师学历为本科及以下的样本中（模型2）分析师跟踪的行业数（*N_ind*）与分析师发布现金流预测的频率正相关。与之相似的变量还有微正现金流（*Cash_10*），该变量的系数在模型1中显著为负，在模型2中显著为正。

　　认知心理学认为性别是影响人们工作结果的一个重要因素。男性和女性在生理上存在差异，行为方式有着显著的差别。一般而言，男、女性心理上的差异会导致男性和女性对风险的偏好不同。以往研究表明，女性的风险厌恶程度高于男性，而且在控制了成本等影响财务决策风险偏好的因素后，发现女性仍然具有更低的风险偏好性（Powell and Ansic，1997）。在分析师市场中，男女分析师的表现也有很大的差异（吕兆德和曾雪寒，2016）。为了研究不同性别的分析师发布研究报告过程中的异同，我们按照分析师的性别分组分析了分析师内在能力与分析师发布现金流预测的可能性。结果如表6－9所示。

表 6 - 9　　　　　　　　　分析师能力、分析师学历与额外现金流预测

	模型 1：男性		模型 2：女性	
Ability_dir	0.0969 *** (2.924)		0.0464 (0.895)	
Ability_beat		0.0964 *** (3.169)		0.0346 (0.714)
分析师特征控制变量				
FREQ1	0.0250 (0.512)	0.0240 (0.491)	0.4238 *** (5.738)	0.4230 *** (5.728)
Horizon	− 0.0042 (− 1.625)	− 0.0043 * (− 1.660)	− 0.0109 * (− 1.772)	− 0.0109 * (− 1.769)
N_ind	− 0.0461 *** (− 8.398)	− 0.0461 *** (− 8.387)	0.0739 *** (5.008)	0.0740 *** (5.012)
First	− 0.0823 ** (− 2.373)	− 0.0825 ** (− 2.383)	− 0.1186 ** (− 2.359)	− 0.1180 ** (− 2.347)
Star	− 0.0668 (− 1.239)	− 0.0678 (− 1.258)	− 0.0522 (− 0.740)	− 0.0525 (− 0.745)
Edu	− 0.2297 *** (− 3.260)	− 0.2306 *** (− 3.278)	0.4237 ** (2.180)	0.4238 ** (2.180)
0p	0.1256 ** (2.237)	0.1271 ** (2.268)	0.1946 ** (2.267)	0.1965 ** (2.290)
Connect	− 0.0345 (− 0.188)	− 0.0331 (− 0.180)	− 0.1919 (− 0.733)	− 0.1928 (− 0.739)
Big10	− 0.6285 *** (− 13.212)	− 0.6283 *** (− 13.213)	− 1.3462 *** (− 18.234)	− 1.3457 *** (− 18.220)
Local	− 0.0454 (− 0.674)	− 0.0443 (− 0.658)	0.0973 (1.002)	0.0970 (0.999)
公司特征控制变量				
Cash_10	0.0010 (1.301)	0.0010 (1.327)	− 0.0012 (− 1.035)	− 0.0012 (− 1.030)
Ins	− 0.0860 (− 0.612)	− 0.0906 (− 0.646)	0.2149 (0.993)	0.2155 (0.997)
DA	− 0.0294 * (− 1.779)	− 0.0283 * (− 1.718)	− 0.0058 (− 0.204)	− 0.0055 (− 0.193)

续表

	模型1：男性		模型2：女性	
Size	−0.0095 （−0.075）	−0.0057 （−0.045）	−0.0792 （−0.376）	−0.0810 （−0.384）
Lev	0.3466 （0.817）	0.3663 （0.864）	0.6999 （1.063）	0.7012 （1.066）
ROA	−0.0421 （−1.386）	−0.0423 （−1.395）	−0.0831 * （−1.812）	0.0833 * （−1.817）
BM	−0.0002 （−0.864）	−0.0002 （−0.917）	0.0005 （1.183）	0.0005 （1.173）
PER	0.4334 （1.186）	0.4211 （1.156）	−1.1724 * （−1.802）	−1.1703 * （−1.795）
cons	0.4334 （1.186）	0.4211 （1.156）	−1.1724 * （−1.802）	−1.1703 * （−1.795）
N	64531	64531	26718	26718
r2_p	0.0506	0.0507	0.1239	0.1238
chi2	3991.08	3996.65	3938.80	3937.60

注：***、**、*分别表示在1%、5%、10%水平上统计显著；回归结果按照公司代码进行了 Cluster 处理。

回归结果表明，男性分析师发布现金流预测的子样本中（模型1），分析师能力与分析师发布现金流预测的概率显著正相关；与之相对应的，在女性分析师子样本中（模型2），相关关系并未通过显著性检验。这说明，相较于男性分析师，女性分析师在发布研究报告的过程中显得更加保守。即高能力男性分析师更愿意发布现金流预测，以向市场展示自身实力；而对于女性分析师来说，是否发布额外的现金流预测则与自身能力的相关性不显著，女性分析师不会通过发布额外的现金流预测传递与自身能力相关的信号。

其他控制变量方面，分析师学历（Edu）在不同性别的分析师样本中系数显著不同：男性分析师学历越低，越倾向于发布现金流预测；对于女性分析师，情况则截然相反，分析师学历与发布现金流预测的可能性正相关，且都通过了 5% 水平的显著性测试。其原因可能在于，男性分析师中能力较低者，更希望通过发布额外的现金流预测来证明自身能力。

已有的研究表明，分析师信息来源的不同，也会影响到分析师的预测过程和预测结果（李悦、王超，2011）。陈和蒋（Chen and Jiang，2006）认为，与上市公司公开信息相比证券分析师进行预测时更多地依赖私有信息，因此，私有信息的数量和质量的因素都会影响分析师预测行为。为了研究分析师从管理层获取的私有信息对分析师现金流预测的影响，我们用分析师是否在最后一次预测的预测值小于实际值，而在前一次的预测值大于实际值。最后预测发布了悲观的盈余预测，而在前一次发布了乐观的盈余预测，我们推测分析师从公司管理层获得了私有的信息，从而调节自己原先的乐观预测。这个定义与廖明情（2012）和埃尔蒂穆尔等（Ertimur et al.，2011）学者所采用的相一致。我们按照分析师是否获取管理层私有信息，分组进行了回归，结果如表 6 – 10 所示。

表 6 – 10　　　　　分析师能力、分析师私有信息与额外现金流预测

	模型 1：私有信息		模型 2：无私有信息	
	系数	z 值	系数	z 值
Ability_dir	0.0849 (0.657)		0.0853 *** (2.786)	
Ability_beat		0.1691 (1.607)		0.0799 *** (2.835)
分析师特征控制变量				
*FREQ*1	0.3181 * (1.918)	0.3288 ** (1.966)	0.1366 *** (3.121)	0.1357 *** (3.101)
Horizon	– 0.3615 ** (– 2.354)	– 0.3459 ** (– 2.282)	– 0.0049 ** (– 2.204)	– 0.0050 ** (– 2.232)
N_ind	– 0.0497 *** (– 2.837)	– 0.0500 *** (– 2.869)	– 0.0286 *** (– 5.444)	– 0.0286 *** (– 5.431)

续表

	模型1：私有信息		模型2：无私有信息	
	系数	z 值	系数	z 值
First	−0.0526 (−0.496)	−0.0537 (−0.507)	−0.0713 ** (−2.360)	−0.0713 ** (−2.362)
Star	0.0097 (0.079)	0.0092 (0.075)	−0.1139 ** (−2.318)	−0.1146 ** (−2.534)
Gend	0.1439 (1.433)	0.1397 (1.390)	0.1786 *** (5.931)	0.1788 *** (5.938)
Edu	0.1492 (0.774)	0.1434 (0.743)	−0.0658 (−0.972)	−0.0663 (−0.980)
Connect	−0.0147 (−0.038)	−0.0087 (−0.022)	−0.0466 (−0.269)	−0.0463 (−0.267)
Big10	−1.0417 *** (−8.378)	−1.0408 *** (−8.378)	−0.8129 *** (−18.406)	−0.8126 *** (−18.402)
Local	−0.0245 (−0.135)	−0.0256 (−0.142)	0.0157 (0.264)	0.0161 (0.271)
公司特征控制变量				
Cash_10	0.4618 (1.640)	0.4645 (1.644)	−0.0971 (−1.486)	−0.0952 (−1.458)
Ins	0.0035 (1.444)	0.0036 (1.475)	0.0005 (0.772)	0.0006 (0.795)
DA	0.0550 (0.126)	0.0297 (0.068)	0.0311 (0.242)	0.0280 (0.218)
Size	0.0562 (0.955)	0.0585 (0.997)	−0.0183 (−1.181)	−0.0173 (−1.122)
Lev	−0.2014 (−0.473)	−0.1957 (−0.461)	−0.0231 (−0.193)	−0.0221 (−0.184)
ROA	0.1166 (0.080)	0.1482 (0.101)	0.4534 (1.155)	0.4655 (1.187)
BM	−0.0688 (−0.691)	−0.0648 (−0.651)	−0.0624 ** (−2.159)	−0.0626 ** (−2.168)

续表

	模型 1：私有信息		模型 2：无私有信息	
	系数	z 值	系数	z 值
PER	−0.0000 (−0.055)	−0.0001 (−0.090)	−0.0001 (−0.343)	−0.0001 (−0.384)
常数	−1.5799 (−1.180)	−1.6393 (−1.229)	−0.2364 (−0.691)	−0.2462 (−0.721)
N	2315	2315	88931	88931
r2_p	0.0815	0.0823	0.0594	0.0594
chi2	180.73	180.33	6456.02	6453.30

注：＊＊＊ 、 ＊＊ 、 ＊分别表示在 1% 、5% 、10% 水平上统计显著；回归结果按照公司代码进行了 Cluster 处理。

结果显示，可以从管理层处获取私有信息的分析师，其内在能力与是否发布现金流预测没有显著的正相关关系。这说明与管理层联系紧密的分析师是否发布现金流预测的动机并非为了传递信号。以往的研究表明，分析师发布研究报告的过程中会满足上市公司管理层的偏好，以获取私有信息（赵良玉和李增泉等，2013）。毫无疑问，分析师在选择信号传递手段上也会受到上市公司管理层偏好影响。根据信息不对称理论，管理层信息优势更高，越有可能获取利益。能够获取私有信息的分析师为了讨好管理层，不能选择更高信息含量的现金流预测作为信息传递的方式。

以往的研究表明，证券公司与上市公司的利益关联会影响分析师的预测（周冬华和赵玉洁，2016），分析师也会为了维持与管理层的良好关系，发布明显有偏差的预测（赵良玉等，2013；Ke and Yu，2006）。因此我们研究了与上市公司存在利益关联的承销商分析师能力对公司现金流预测发布概率之间的关系。我们以分析师所在证券公司在三年内是否承担公司的首次公开上市、增发以及配股将样本分为两组进行回归。结果如表 6 - 11 所示。

表6－11　　　　分析师能力、证券公司利益关联与额外现金流预测

	模型1：有利益关联		模型2：无利益关联	
	系数	z值	系数	z值
Ability_dir	−0.4435 (−1.191)		0.0892 *** (2.930)	
Ability_beat		−0.2822 (0.865)		0.0848 *** (3.036)
分析师特征控制变量				
FREQ	−0.3495 (−0.818)	−0.3034 (−0.717)	0.1422 *** (3.224)	0.1413 *** (3.206)
Horizon	−0.0339 (−1.019)	−0.0301 (−1.454)	−0.0048 ** (−2.091)	−0.0049 ** (−2.119)
N_ind	−0.0741 (−1.077)	−0.0736 (−1.063)	−0.0295 *** (−5.636)	−0.0295 *** (−5.623)
First	−0.3694 (−1.390)	−0.3676 (−1.382)	−0.0665 ** (−2.231)	−0.0665 ** (−2.232)
Star	−0.0658 (−0.156)	−0.0357 (−0.085)	−0.1105 ** (−2.432)	−0.1112 ** (−2.449)
Gend	0.8296 * (1.774)	0.8172 * (1.747)	−0.0664 (−0.978)	−0.0669 (−0.987)
OP	−0.0076 (−0.021)	−0.0052 (−0.014)	0.1439 *** (2.873)	0.1461 *** (2.923)
证券公司特征控制变量				
Big10	−2.1633 *** (−4.295)	−2.1329 *** (−4.226)	−0.8101 *** (−18.394)	−0.8097 *** (−18.387)
Local	0.5350 (1.076)	0.5643 (1.134)	0.0075 (0.124)	0.0080 (0.132)
公司特征控制变量				
Cash_10	−0.1838 (−0.240)	−0.1614 (−0.211)	−0.0852 (−1.314)	−0.0832 (−1.284)
Ins	−0.0091 (−1.343)	−0.0091 (−1.353)	0.0006 (0.914)	0.0007 (0.939)
DA	−0.6064 (−0.315)	−0.5325 (−0.280)	0.0383 (0.297)	0.0348 (0.271)

续表

	模型1：有利益关联		模型2：无利益关联	
	系数	z 值	系数	z 值
Size	-0.1042 (-0.620)	-0.0968 (-0.583)	-0.0152 (-0.964)	-0.0142 (-0.901)
Lev	1.2639 (0.695)	1.2069 (0.659)	-0.0462 (-0.384)	-0.0450 (-0.374)
ROA	12.4258 *** (2.755)	12.5838 *** (2.749)	0.3639 (0.916)	0.3771 (0.951)
BM	0.0263 (0.103)	0.0402 (0.155)	-0.0622 ** (-2.142)	-0.0623 ** (-2.149)
PER	-0.0003 (-0.109)	-0.0001 (-0.039)	-0.0001 (-0.363)	-0.0001 (-0.407)
常数	0.9055 (0.258)	0.6794 (0.197)	-0.2917 (-0.839)	-0.3028 (-0.872)
N	910	910	90307	90307
r2_p	0.2717	0.2690	0.0590	0.0590
chi2	227.1074	234.5895	6511.22	6508.87

注：＊＊＊、＊＊、＊分别表示在1%、5%、10%水平上统计显著；回归结果按照公司代码进行了 Cluster 处理。

　　结果显示无利益关联样本中分析师能力与其发布现金预测的可能性显著正相关，与前文中全样本得出的结论相一致。但是上市公司与证券公司有利益关联的样本中，分析师能力与额外发布现金流预测的关系并未通过显著性测试，说明两者并没有显著性的关系。这表明，证券公司与分析师有利益关联的情况下，分析师能力与其是否发布现金预测没有关系。原因可能在于，分析师为了迎合公司管理层，不发布更具有信息含量的现金流报告。有关其他控制变量，我们可以看到，有利益关联的样本组中，公司盈利能力（*ROA*）与发布现金流预测显著正相关，这说明分析师在一定程度上会选择性地为财务表现良好的公司发布现金流预测以向外传递积极信息。

6.5　本章小结

虽然已有大量文献研究分析师研究报告发布的原因，但是鲜有文献用信号传递的理论解释分析师发布现金流预测的动机。本章采用我国 2008～2015 年卖方分析师发布的研究报告数据，研究了分析师能力与分析师发布现金流预测的关系。研究发现，分析师发布现金流预测的主要动机是向市场传递与其能力相关的信号。高能力的分析师选择发布对数据搜集和分析能力有更高要求的现金流预测，而这种行为是不能被能力低下分析师模仿的，高能力的分析师借此将自己与滥竽充数的分析师划清界限。分析师能力越高，其发布现金流预测的概率越大。而对于明星分析师，两者的正相关关系并不显著，其原因在于明星分析师已经拥有良好的声誉和市场，发布现金流预测对明星分析师声誉的增加微乎其微；分析师对机构投资者比例高的公司的预测数据表明，机构投资者持股加强了两者的相关关系，说明分析师更愿意向机构投资者展示自身实力，分析师更希望在机构投资者处获得良好声誉。进一步的研究表明，较低学历的分析师、女性分析师和与管理层密切联系的分析师，不会通过发布现金流预测来提高声誉，即这些分析师发布研究报告的子样本中，分析师能力与发布现金流预测的可能性并不显著。

本章的研究结论对证券公司、投资者以及监管部门都有着重要的意义。第一，证券公司可以通过分析师发布现金流预测来展示其自身获取和分析信息的能力，维持或增加其市场竞争力。第二，对于投资者而言，额外发布现金流预测的分析师发布分析报告可能是更高明的分析师发布的。这在一定程度上可以帮助投资者确定研究报告的信息质量，进一步降低投资者获取信息的成本。第三，对于分析师而言，发布更具有信息含量的现金流预测是一种体现自身实力、提高自身声誉的有效手段。

第 7 章

分析师预测经验与现金流预测准确性

7.1 引　言

证券分析师作为资本市场上的中介机构，能够有效缓解上市公司和投资者之间存在的信息不对称程度，提高资本市场效率（Beaver，2002）。证券分析师是上市公司财务信息的使用者，为投资者更好地获取上市公司信息提供了帮助（李丹和贾宁，2009）。分析师的主要工作是进行盈余预测、股票评级。通过分析师的专业分析，可以减少被分析公司的信息不对称，从而降低公司的资本成本，提高整个证券市场效率（姜国华，2004）。由于分析师报告对股票市场众多参与者产生重要影响，因此吸引了学者的广泛关注，成为财务和会计研究中的一个重要领域。

为了顺应资本市场的发展，分析师报告的类型也在不断丰富和完善。分析师报告中除了盈余预测和股票评级外，近些年针对某些公司分析师还同时发布了现金流预测。数据显示，美国市场上的分析师现金流预测数量呈逐年上升趋势，分析师同时发布盈余预测和现金流预测的数量占分析师预测数量的比例从 1993 年的 2.5% 上升到 2005 年的 57.2% （Givoly et al.，2009）。相比国外，我国自 2002 年开始出现少量的分析师现金流预测，之后逐年增加，截至 2010 年，具有分析师现金流预测的上市公司比例已经占全部 A 股上市公司的 30.94%①。在激烈的竞争环境下，分析师通过提供更丰富的信息来提高服务质量，并使得现金流预测成为分析师报告的重要组成部分（王会娟等，2012）。那么，分析师现金流预测的准确性如何呢？哪些因素影响了分析现金流预测的准确性呢？本章将对此问题进行研究。

本章以我国 A 股上市公司 2007～2011 年证券分析师发布的现金流预测数据为样本，研究分析师的预测经验对现金流预测准确性的影响。研究结果表明，相对于分析师整体预测经验，分析师公司层面的预测经验越丰富，现金流预测准确性越高；但本章并未发现，分析师整体预测经验对现金流预测准确性具有显著影响，这表明分析师现金流预测并不存在"熟能生巧"的现象。更进一步研究发现，分析师上期的现金流预测准确性与当期现金流预测准确性显著正相关，这表明分析师在进行现金流预测时会理性地根据自己的预测准确性记录来更新其现金流预测，但分析师上期盈余预测准确性与当期现金流预测准确性并未通过显著正相关相关，这表明分析师的现金流预测并不是盈余预测的"附属产品"，现金流预测所需要的信息和分析技能有其自身的独特性，有别于盈余预测。

本章对现有文献的贡献主要在于：第一，相对于国内外大量研究盈余预测和股票评级的研究文献，本章首次对国内现金流预测的准确性进行了研究，相应的研究结果能够对分析师预测行为进行有益的补充。第二，本章进一步

---

① 根据国泰安数据库中分析师现金流预测数据显示，2010 年我国资本市场中上市公司被跟踪出具现金流预测数据的上市公司数量为 611 家，占当年度上市公司数量 1957 家的 30.94%。

细化了分析师的预测经验，将分析师预测经验区分为总体预测经验和公司层面预测经验，相应的研究结论为我们理解分析师预测经验对现金流预测准确性的影响提供了一个崭新的视角，丰富了分析师预测经验文献。

7.2　研究假说的提出

目前，国内外文献对分析师的研究主要集中于分析师盈余预测和股票评级方面，具体包括分析师盈余预测和股票评级的信息含量及是否具有长期效应（Sundaresh et al.，2008；王宇熹等，2010）、预测行为有效性（岳衡和林小驰，2008；郭杰和洪洁瑛，2009）、预测准确性的影响因素等（原红旗和黄倩茹，2007；方军雄，2007；白晓宇，2009；张然等，2012）。但诸多的文献发现，由于客观或主观层面的原因，分析师盈余预测过程中存在一定程度的偏差。如（1）与公司管理层保持良好的关系与证券公司之间的利益关联（Richardson et al.，2004；Ke and Yu，2006）；（2）与证券公司之间的利益关联（原红旗和黄倩茹，2007；潘越等，2011）；（3）分析师自身的认知偏差也会导致预测误差（Nutt et al.，1999；Cen et al.，2012；伍燕然等，2012）。因此，证券分析师发布的盈余预测具有一定信息含量，但在应对复杂会计信息时仍有不足（季侃和全自强，2012）。

相对于企业报告的营业利润存在着盈余管理行为，公司报告的经营活动现金流量被认为是可靠的，不可操控的，现金流信息在盈余之外提供了增量信息（Bowen et al.，1987；Ali，1994；Dechow，1994）。因此越来越多的投资者和其他财务报表的使用者将目光投向企业经营活动现金流量，并将其视为判断企业业绩好坏的重要标志。因此，根据信息需求理论，分析师盈余预测已无法满足投资者需求，投资者需要现金流信息进行辅助决策时，分析师现金流预测逐渐登上分析师报告的舞台（王会娟等，2012）。分析师对公司的现金流预测在盈余预测之外有助于投资者对企业财务能力的评价（Pae and Yoon，2012）。

近年来，越来越多的分析师在发布盈余预测的同时还发布现金流预测，分析师现金流预测引起了学者们的广泛关注。德丰和黄（2003）从公司盈余、经营和财务状况角度探讨分析师发布现金流预测的原因。研究结果表明，当上市公司的应计项目较大和陷入财务危机时，分析师在发布盈余预测的同时更倾向于同时发布现金流预测，以满足投资者对现金流信息的需求。随后，德丰和黄（2007）检验了不同国家的分析师发布现金流预测的倾向，发现投资者保护较弱和盈余质量较差国家的分析师发布更多的现金流预测。这些结果表明，当盈余预测信息并不能很好地估计未来现金流项目时，分析师往往更倾向于提供现金流预测信息。然而，公司的特征并不足以解释为什么针对同样的上市公司，部分分析师发布了现金流预测，而部分分析师并未发布现金流预测。随后，分析师个体特征，如分析师预测的经验，证券公司规模，分析师跟进上市公司家数和行业数等都会影响到分析师是否提供现金流预测（Ertimur and Stubben，2005；Pae et al.，2007）。王会娟等（2012）研究发现，分析师倾向于对应计项目占比越大、盈余波动性越强、资本密集度越高的公司发布现金流预测，以满足投资者对这类公司现金流信息的需求；同时结合我国独特的股权制度背景，发现公司为非国有控股时，分析师更可能发布现金流预测。

现金流量预测并不仅仅对投资者有用，对分析师盈余预测准确性的提高亦起着重要作用。如佩等（2007）研究发现，相对于没有发布现金流预测报告的分析师，同时签发现金流预测和盈余预测报告的分析师，其盈余预测准确性更高。更进一步地，相对于继续同时进行现金流预测和盈余预测的分析师，中止进行现金流预测的分析师其发布的盈余预测准确性要更低。因此，预测的准确性对投资者和分析师而言同样重要。

文献中更多地讨论了盈余预测准确性的影响因素，一般而言，从业经验的增加有利于提高分析师对专有知识的把握程度，从而提高其分析和辨别信息的能力，继而提高其预测的准确性。米哈伊尔等（Mikhail et al.，1997）和克莱门特（Clement，1999）研究发现，预测经验与预测准确性存在正相关关系。与欧美等发达资本市场相比，我国资本市场中上市公司信息披露水平和质量相对较低，上市公司公开信息披露内容不完善、披露不及时、真实性程度低，信息披露质量要低很多，分析师更多地依赖于其调研过程中获取的私有信息（胡奕明等，2005），国内分析师不得不更多地依靠私人信息来对公司盈余进行预测（郭杰和洪洁瑛，2009），这对分析师加工处理私有信息技能和经验提出了更高的要求。分析师在面对资本市场上复杂的信息环境，以及公司特定的信息披露环境的时候，在信息解读和处理过程中所使用的方法和模型是不完全相同的（Kaplan and Ruback，1995）。分析师工作经验越长，其分析技术日趋娴熟，对信息的提取、理性判断的能力越强，分析师预测的准确性也将不断提高（Mikhail et al.，1997）。樊铮和宋乐（2010）、管总平和黄文峰（2012）亦发现，分析师经验越丰富，其预测的准确性越高。

而现金流和盈余数据的不同性，导致分析师进行现金流预测所需要的技能和经验不同于盈余预测（Pae and Yoon，2012）。分析师要获得对现金流量预测的独立观点，单凭获取的私有信息是不够的，还必须有一套区别于盈余预测的分析方法和手段。德丰和黄（2003）的研究则发现，分析师在面对巨额会计应计项目、收益波动大、高资本密集和财务状况较差等上市公司进行现金流预测时，分析师会根据不同的情况选择不同的分析方法和手段。因此，随着分析师现金流预测经验的增长，其分析技术日趋娴熟，现金流预测越准确。基于此，提出本章的研究假设 1（a）：

研究假设 1（a）：控制其他因素后，分析师现金流预测经验越丰富，分析师现金流预测越准确。

分析师进行现金流预测的总体经验越长，其对分析师预测的技能越熟悉，对现金流信息的解读和处理的能力越强，但我国证券分析师常常集中于单个行业的分析，跟踪特定行业分析师的经验差异对于有效信息处理、做出准确判断差异较大（樊铮和宋乐，2010）。胡奕明等（2005）研究发现，我国证券分析师会根据不同公司情况关注不同信息、选用不同分析方法，进而形成自己独立的见解。因此，与分析师现金流预测总体经验相比，分析师现金流预测公司层面经验越丰富，对特定上市公司的情况越熟悉，能够掌握该特定公司更多的私有信息，其对现金流预测准确性的影响更加显著。基于此，提出本章的研究假设 1（b）：

研究假设 1（b）：控制其他因素后，分析师现金流预测公司层面经验越丰富，分析师现金流预测越准确。

布朗（Brown，2001）研究发现，作为分析师个体特征之一的分析师历史预测准确性，与分析师总体预测经验、公司层面经验等个体特征都与盈余预测准确性呈显著正相关关系。佩和尹（2012）研究也发现，上年度分析师现金流预测准确性与当年度分析师现金流预测准确性显著正相关。对此，郭杰和洪洁瑛（2009）认为，分析师并不了解自己的真实能力，但会理性地根据自己的预测准确性记录来更新其盈余预测。历史预测准确性高的分析师会在他已有的声誉基础上进一步保持和提高其声誉，从而导致其历史预测准确性与当期预测准确性显著正相关。由此可知，上年度现金流越准确的分析师为了保持和提高其声誉，其当年度预测现金流时会更加严谨，其出具的现金流预测准确性程度相对较高。据此，提出本章的研究假设 2：

研究假设 2：控制其他因素后，分析师上年度现金流预测越准确，当年度现金流预测越准确。

7.3　研究设计与数据来源

7.3.1　研究设计

本章首先采用回归方程（7-1）检验分析师预测经验与现金流预测准确性之间的关系，其次，依据研究设计的不同，在回归方程（7-1）的基础上增加了分析师上年度现金流预测准确性变量来研究分析师现金流预测经验与现金流预测准确性之间关系，如式（7-2）所示。

$$ACC_{ijt} = \beta_0 + \beta_1 EXPGQ_{it} + \beta_2 EXPF_{ijt} + \beta_3 FREQ_{ijt} + \beta_4 NFIRM_{it} + \beta_5 NIND_{it}$$
$$+ \beta_6 HORZ_{ijt} + \beta_7 LOC_{ijt} + \beta_8 EDU_{it} + \beta_9 SIZE_{jt} + \beta_{10} SEO_{jt} + \beta_{11} INS_{jt}$$
$$+ \beta_{12} Cash\_01_{jt} + \varepsilon_{ijt} \tag{7-1}$$

$$ACC_{ijt} = \beta_0 + \beta_1 FACC_{ijt-1} + \beta_2 EXPF_{it} + \beta_3 EXPF_{ijt} + \beta_4 FREQ_{ijt} + \beta_5 NFIRM_{it}$$
$$+ \beta_6 NIND_{it} + \beta_7 BSIZE_{it} + \beta_8 HORZ_{ijt} + \beta_9 LOC_{ijt} + \beta_{10} EDU_{it} + \beta_{11} SEO_{jt}$$
$$+ \beta_{12} INS_{jt} + \beta_{13} Cash\_01_{jt} + \varepsilon_{ijt} \tag{7-2}$$

其中，被解释变量为分析师预测准确性（ACC_{ijt}），为分析师 i 在 t 年度跟踪 j 上市公司现金流预测的准确程度，采用分析师现金流预测与上市公司实际披露的每股现金流量差值的绝对值来表示，为了符合正常的思维习惯，也为了更好地控制公司效应和年度效应，以及分析师特征等固定效应，本章参考借鉴克莱门特和谢（Clement and Tse，2005）的研究设计，采用式（7-3）的规模化处理，处理后的数值越大，表明现金流预测越准确。

$$ACC_{ijt} = \frac{max(ACC_{jt}) - ACC_{ijt}}{max(ACC_{jt}) - min(ACC_{jt})} \tag{7-3}$$

　　解释变量为分析师预测经验和上年度现金流预测准确性，本章分别采用分析师总体预测经验（$EXPG_{it}$）和分析师公司层面预测经验（$EXPF_{ijt}$）来衡量。分析师总体预测经验（$EXPG_{it}$）为分析师 i 在 t 年度发表现金流预测已历经的年份数；分析师公司层面预测经验（$EXPF_{ijt}$），采用分析师 i 在 t 年度针对 j 上市公司发表现金流预测已历经的年份数来度量。解释变量上年度现金流预测准确性（$FACC_{ijt-1}$）为分析师 i 在 $t-1$ 年度对 j 公司发布现金流预测准确性，同样地，为了保证研究的前后一致性，此处的 $FACC$ 衡量指标同样采用式（7-3）的方法进行了去规模化的处理。

　　根据佩和尹（2012）等相关文献，模型中还加入了分析师现金流预测频率（$FREQ$）、分析师跟踪上市公司数量（$NFIRM$）、分析师跟踪行业数量（$NIND$）、资产规模（$Size$）、分析师预测时滞（$HORZ$）、分析师预测地（LOC）、分析师学历（EDU）、增发行为（SEO）、机构投资者持股比例（INS）、微正现金流量（$Cash\_01$）和行业变量以及年度变量等作为控制变量，以控制其他因素对因变量的影响。各控制变量的具体含义如下：

　　（1）分析师现金流预测频率（$FREQ_{ijt}$），采用分析师 i 在 t 年度跟踪 j 上市公司现金流预测的次数来度量。分析师当年度现金流预测的次数越多，其调研、跟踪分析投入的精力就越少，现金流预测偏差越大。

　　（2）分析师跟踪上市公司数量（$NFIRM_{ijt}$），采用分析师 i 在 t 年度跟踪上市公司数量来度量。分析师当年度跟踪的上市公司数量越多，其对每家上市公司的实际经营情况掌握程度越低，现金流预测偏差越大。

　　（3）分析师跟踪行业数量（$NIND_{ijt}$），采用分析师 i 在 t 年度跟踪行业数量来度量。分析师当年度跟踪的行业数量越多，其对行业的专业性越差，出具的现金流预测报告偏差程度越大。

　　（4）分析师预测时滞（$HORZ_{ijt}$），采用分析师 i 在 t 年度对 j 上市公司现金流预测的时滞来度量，即分析师发布现金流预测时间与上市公司报表截止日（12 月 31 日）之间的时间差异。一般而言，发布现金流预测时间越接近报表截止日，其所获得的信息越多，现金流预测越准确。

（5）分析师本地优势（LOC_{ijt}），如果 t 年度的分析师 i 所属证券公司注册地与上市公司 j 注册地一致，则为 1，否则为 0。李冬昕等（2011）研究发现，分析师在预测那些所在地与分析师隶属的公司同属一个省份的公司时，预测结果更加准确。

（6）分析师学历（EDU_{it}），如果分析师 i 在 t 年度的学历为博士研究生则为 3，硕士研究生则为 2，否则为 0。分析师学历越高，其现金流预测结果越准确。

（7）资产规模（$Size_{jt}$），采用上市公司 j 在 t 年度期末总资产的自然对数衡量。

（8）增发行为（SEO_{jt}），若上市公司 j 在 t 年度有增发行为，则为 1，否则为 0。

（9）机构投资者持股比例（INS_{jt}），采用 t 年度机构投资者对 j 上市公司持股比例来度量。

（10）微正现金流量（$Cash\_01_{jt}$），若 t 年度 j 上市公司披露的经营活动现金流量占总资产比例大于 0 小于 1% 时，定义为微正，则为 1，否则为 0。

7.3.2　研究样本与数据来源

本章选取沪深 A 股主板市场（不含创业板）2007～2011 年的非金融类公司为样本。样本筛选过程如下：（1）删除当年年报公布后分析师预测的现金流数据；（2）由于要统计分析师的声誉，删除缺失分析师姓名的现金流预测数据；（3）考虑到预测的精度和准度，删除预测期在一年以上的现金流预测数据；（4）剔除数据缺失的上市公司。所有财务数据来源于 CSMAR 数据库和

WIND 数据库，个别缺失财务数据进行了手工收集，收集源于中国证券协会网站，其他巨潮资讯、证券时报网站以及新财富杂志，分析师学历数据进行了手工收集。共获得了 74934 个年度公司分析师现金流预测数据（4786 个年度公司样本）。

7.4　实证结果与分析

7.4.1　样本描述性统计分析

各研究变量的描述性统计如表 7 - 1 所示，经处理后的证券分析师现金流预测偏差（ACC）的平均值为 0.3786，但中位数为 0.2788，表明证券分析师的现金流预测存在一定程度的右偏现象。分析师现金流预测经验的均值为 2.96 年，中位数为 3 年，表明整体上分析师发布现金流预测经验尚短。具体到特定公司，分析师公司层面的预测经验更短，其均值为 1.76 年，中位数为 2 年。分析师年度内对上市公司预测次数均值为 3.24 次，中位数为 2 次；分析师年均出具 25 份现金流预测报告，中位数为年均发布 17 份现金流预测报告。分析师年均跟踪 3.92 个行业，跟踪行业的中位数为 3 个行业，表明分析师并非仅仅局限于跟踪某一类型公司。分析师出具现金流预测报告的时间与年度截止时间的时滞均值为 174.21 天，中位数为 160 天。发布现金流预测研究报告中，其中有本地优势的分析师比例只占 10.94%；分析师的学历均值和中位数都为硕士学位。被跟踪的上市公司的资产规模取自然对数后均值和中位数分别为 22.33 和 22.13，样本公司中有 21.33% 比例的上市公司当年度有增发行为，机构投资者的持股比例均值为 46.88%，中位数为 21.87%，样本公司数据存在整体的右偏现象。样本公司中有4.26%的上市公司披露了微正经营活动现金流量。总体上而言，样本公司各变量的数量分布情况较理想，但最大值和最小值之间亦存在较大的差异性，部分连续型变量存在极端的异常值，因此后续回归分析中，我们对连续变量进行上下1%的缩尾（winsorize）处理，后文不再赘述。

表7-1　　　　　　　　　　样本公司相关变量描述性统计

变量	平均值	中位数	标准差	最小值	最大值	25 分位	75 分位
ACC	0.3786	0.2788	0.3462	0	1	0.0678	0.6345
EXPG	2.9603	3	1.5965	0	9	2	4
EXPF	1.7630	2	1.0334	0	8	1	2
FREQ	3.2451	2	2.9451	1	29	1	4
NFIRM	25.9871	17	38.5263	1	295	10	28
NIND	3.9198	3	3.0011	1	18	2	5
HORZ	174.2109	160	103.9829	−113	366	73	265
LOC	0.1094	0	0.3121	0	1	0	0
EDU	2.0016	2	0.4927	1	3	2	2
Size	22.3318	22.1349	1.3837	19.0567	27.7533	21.2984	23.1425
SEO	0.2133	0	0.6009	0	2	0	0
INS	0.4688	0.2187	0.7767	0.6641	0.4903	0.1195	0.2795
*Cash_*01	0.0426	0	0.2019	0	1	0	0

注：本表统计数据为未经处理的样本公司原始数据。

7.4.2　实证结果

表7-2列示了证券分析师预测经验与现金流预测准确性关系的回归结果，其中模型1报告了控制同一企业后调整的相应回归系数和t值，模型2报告了控制同一分析师后调整相应的回归系数和t值。回归结果显示，调整后的R^2都大于2.0%，F值亦通过了1%水平下显著性检验，模型的整体拟合度较

好。模型1和模型2都表明，不论是单独对分析师整体经验（*EXPG*）、还是分析师公司层面经验（*EXPF*），以及综合分析师整体经验和分析师公司层面经验进行回归，现金流预测并没有体现出"熟能生巧"的现象，分析师现金流预测经验越丰富，并不一定能够提高其现金流预测准确性。但分析师公司层面经验与现金流预测准确性显著正相关，这表明分析师跟踪特定上市公司年限越长，对获取该特定公司的信息更能有效处理，作出准确判断的可能性越高。另一方面，分析师现金流预测公司层面经验越丰富，对特定上市公司的情况越熟悉，能够掌握该特定公司更多的私有信息，现金流预测准确性越高。

表7-2的回归结果还显示，分析师预测频率与现金流预测准确性显著负相关，表明分析师当年度现金流预测的次数越多，其调研、跟踪分析投入的精力就越少，现金流预测偏差越大。但是分析师年度跟踪的公司数量和行业数量并未通过10%水平下显著性检验。上市公司资产规模越大，机构持股比例越高，上市公司受到关注程度可能越高，分析师越有可能迎合上市公司，为其股票托市，发布更加乐观的现金流预测报告，导致其预测的准确性越低。分析师的学历越高，可能掌握更加精确的预测方法，其预测的准确性程度越高。预测时滞、分析师的地理优势，上市公司当年度发生再融资和报告的微正现金流等变量虽然与现金流预测准确性呈正相关关系，但并未通过10%水平下显著性检验。

表7-2　　证券分析师预测经验与现金流预测准确性关系回归结果

N = 74934	模型1			模型2		
	（1）	（2）	（3）	（4）	（5）	（6）
EXPG	0.00269 (1.11)		-0.00191 (-0.71)	0.00269 (1.05)		-0.00191 (-0.65)
EXPF		0.0149 *** (3.64)	0.0163 *** (3.55)		0.0149 *** (3.67)	0.0163 *** (3.48)

续表

N = 74934	模型 1			模型 2		
	(1)	(2)	(3)	(4)	(5)	(6)
FREQ	-0.00522***	-0.00671***	-0.00671***	-0.00522***	-0.00671***	-0.00671***
	(-4.12)	(-4.99)	(-4.99)	(-3.88)	(-4.75)	(-4.75)
NFIRM	0.000193	0.000186	0.000175	0.000193	0.000186	0.000175
	(1.12)	(1.09)	(1.02)	(1.18)	(1.15)	(1.09)
NIND	-0.00218	-0.00155	-0.00127	-0.00218	-0.00155	-0.00127
	(-0.93)	(-0.68)	(-0.55)	(-0.89)	(-0.64)	(-0.52)
BSize	-0.0194***	-0.0213***	-0.0213***	-0.0194***	-0.0213***	-0.0213***
	(-4.52)	(-4.91)	(-4.93)	(-4.74)	(-5.18)	(-5.19)
HORZ	0.0000242	0.0000200	0.0000201	0.0000242	0.0000200	0.0000201
	(1.60)	(1.34)	(1.35)	(1.64)	(1.38)	(1.39)
LOC	0.0200	0.0210	0.0211	0.0200	0.0210*	0.0211*
	(1.47)	(1.55)	(1.56)	(1.57)	(1.66)	(1.67)
EDU	0.0184**	0.0189**	0.0189**	0.0184**	0.0189**	0.0189**
	(2.26)	(2.31)	(2.33)	(1.99)	(2.03)	(2.04)
SEO	0.00917	0.00902	0.00896	0.00917	0.00902	0.00896
	(1.34)	(1.32)	(1.31)	(1.47)	(1.44)	(1.43)
INS	-0.0414**	-0.0455**	-0.0457**	-0.0414**	-0.0455**	-0.0457**
	(-1.98)	(-2.16)	(-2.17)	(-2.15)	(-2.36)	(-2.37)
Cash_01	0.00579	0.00601	0.00617	0.00579	0.00601	0.00617
	(0.30)	(0.32)	(0.33)	(0.35)	(0.36)	(0.37)
常数	0.938***	0.972***	0.974***	0.938***	0.972***	0.974***
	(8.41)	(8.65)	(8.69)	(8.15)	(8.38)	(8.40)
行业效应	控制	控制	控制	控制	控制	控制
年度效应	控制	控制	控制	控制	控制	控制
F 值	4.41***	4.71***	4.63***	5.99***	6.27***	6.09***
调整后的 R^2	2.06%	2.20%	2.21%	2.06%	2.20%	2.21%

注：（1）***、**、*分别表示在1%、5%、10%水平上统计显著；

（2）表中的回归系数和显著性依照彼得森（Petersen, 2009）和高等（Gow et al., 2010）的聚类方法（robust cluster）进行了相应的调整，模型 1 为控制了同一企业后调整的相应回归系数和 t 值，模型 2 为控制了同一分析师后调整相应的回归系数和 t 值。

表 7 - 2 的回归结果表明了证券分析师跟踪特定上市公司并发布现金流预测时间越长，公司层面现金流预测经验越丰富，现金流预测越准确。但这种关系可能受到上一年度现金流预测的准确性的影响，本年度现金流预测的准确性很可能是基于上年度现金流预测的修正调整后的结果，因此本章加入了上年度现金流预测准确性变量来进行回归分析，结果如表 7 - 3 所示。

表 7 - 3　　　　上期现金流预测准确性、证券分析师预测经验与
现金流预测准确性关系回归结果

N = 62578	模型 1		模型 2	
	系数	t 值	系数	t 值
FACC	0.00138 *	(1.71)	0.00138 *	(1.89)
EXPG	0.00134	(0.43)	0.00134	(0.40)
EXPF	0.0157 ***	(2.82)	0.0157 ***	(2.87)
FREQ	− 0.00618 ***	(− 3.14)	− 0.00618 ***	(− 3.63)
NFIRM	0.0000361	(0.18)	0.0000361	(0.19)
NIND	0.00118	(0.44)	0.00118	(0.45)
BSize	0.0161 ***	(2.81)	0.0161 ***	(3.56)
HORZ	0.0000187	(1.03)	0.0000187	(1.15)
LOC	0.0182	(1.12)	0.0182	(1.29)
EDU	0.0185 **	(2.05)	0.0185 *	(1.87)
SEO	0.00806	(0.92)	0.00806	(1.10)
INS	− 0.0530 **	(− 2.06)	− 0.0530 **	(− 2.33)
Cash_01	− 0.0114	(− 0.57)	− 0.0114	(− 0.62)
常数	0.105	(0.64)	0.105	(0.72)
行业效应	控制		控制	
年度效应	控制		控制	
F 值	5.00 ***		8.42 ***	
调整后的 R²	4.18%		4.18%	

注：（1）*** 、** 、* 分别表示在 1%、5%、10% 水平上统计显著；
（2）表中的回归系数和显著性依照彼得森（2009）和高等（2010）的聚类方法（robust cluster）进行了相应的调整，模型 1 为控制了同一企业后调整的相应回归系数和 t 值，模型 2 为控制了同一分析师后调整相应的回归系数和 t 值。

表 7-3 的回归结果显示，上年度现金流预测准确性与当期现金流预测准确性呈正相关关系，并且通过了 10% 水平下显著性检验。这表明分析师在进行现金流预测时会理性地根据自己的预测准确性记录来更新其盈余预测。上年度现金流预测准确性高的分析师会为了保持和提高其现金流预测的声誉，当年度进行现金流预测时会更加严谨，导致其出具的现金流预测准确性程度相对较高。

表 7-3 的回归结果还表明，加入了上年度现金流预测准确性变量后，分析师总体经验仍然未通过 10% 水平下显著性检验，而分析师公司层面经验通过了 1% 水平下显著性检验。这一结论表明现金流预测并没有体现出"熟能生巧"的现象，分析师现金流预测经验越丰富，并不一定能够提高其现金流预测准确性。但分析师公司层面经验与现金流预测准确性显著正相关，这表明分析师跟踪特定上市公司年限越长，对获取该特定公司的信息更能有效处理，作出准确判断的可能性越高。

7.4.3 更进一步研究：盈余预测准确性与现金流预测准确性

前述研究发现，分析师公司层面的预测经验和上市公司上年度现金流预测准确性会影响到当期的现金流预测的准确性，表明分析师对特定公司跟踪的时间越长，对特定公司私有信息的分析处理更加合理，其发布的现金流预测越准确。分析师亦会保持和提高其现金流预测的声誉，出具更加准确的现金流预测报告。

那么接下来的问题是，分析师盈余预测准确性会影响本年度的现金流预测准确性吗？现金流预测是否仅仅是盈余预测的"附属产品"呢？如卡尔等（Call et al.，2009）研究发现，相对于只发布盈余预测的分析师，同时发布盈余预测和现金流预测的分析师其盈余预测更准确。原因在于，同时发布盈余预测和现金流预测的分析师更加关注盈余的组成部分（现金流和应计项目），并且更好地掌握了盈余及其组成部分的时间序列特征，因此做出的盈余预测更准确。如果这样的话，那么在其他条件一致的情况下，盈余预测准确性越高的分析师其出具的现金流预测的准确性也越高，基于此，相对于单独提供现金流预测的分析师，同时提供盈余预测和现金流预测的分析师其现金流预测的准确性程度越高。然而，由于真实盈余信息需要年报公布后才能获得，盈余预测准确度在分析师签发预测盈余报告是未知的。因而，在衡量当年度现金流预测准确性时我们无法获取其盈余预测的准确性信息，我们参考布朗（Brown，2001）与佩和尹（2012）的做法，利用上年度盈利预测的准确性来度量分析师盈余预测的准确性。本章采用式（7-4）的回归模型研究盈余预测准确性与现金流预测准确性之间的关系，回归模式如式（7-4）所示。

$$ACC_{ijt} = \beta_0 + \beta_1 FACC\_EPS_{ijt-1} + \beta_2 EXPG_{it} + \beta_3 EXPF_{ijt} + \beta_4 FREQ_{ijt}$$
$$+ \beta_5 NFIRM_{it} + \beta_6 NIND_{it} + \beta_7 BSIZE_{it} + \beta_8 HORZ_{ijt} + \beta_9 LOC_{ijt} + \beta_{10} EDU_{it}$$
$$+ \beta_{11} SEO_{jt} + \beta_{12} INS_{ji} + \beta_{13} Cash\_01_{jt} + \varepsilon_{ijt} \qquad (7-4)$$

其中：上年度盈余预测准确性（$FACC\_EPS_{ijt-1}$）为分析师 i 在 $t-1$ 年度对 j 公司发布盈余预测准确性，同样地，为了保证研究的前后一致性，此处的 $FACC\_EPS$ 衡量指标同样采用式（7-3）的方法进行了去规模化的处理。

表 7-4　　　　盈余预测准确性、证券分析师预测经验与
现金流预测准确性关系回归结果

N = 61083	模型 1		模型 2		模型 3		模型 4	
	系数	t 值	系数	t 值	系数	t 值	系数	t 值
FACC_EPS	0.00941	0.74	0.0111	0.85	0.00941	0.75	0.0111	0.86
FACC			0.00131*	1.71			0.00131*	1.89
EXPG	-0.000992	-0.31	0.000266	0.08	-0.000992	-0.28	0.000266	0.08
EXPF	0.0151***	2.69	0.0142**	2.53	0.0151***	2.75	0.0142***	2.59

续表

N = 61083	模型 1		模型 2		模型 3		模型 4	
	系数	t 值	系数	t 值	系数	t 值	系数	t 值
FREQ	−0.00615 ***	−3.17	−0.00610 ***	−3.14	−0.00615 ***	−3.67	−0.00610 ***	−3.60
NFIRM	0.000109	0.55	0.0000619	0.31	0.000109	0.57	0.0000619	0.32
NIND	−0.000329	−0.12	0.000461	0.17	−0.000329	−0.12	0.000461	0.17
BSize	0.0145 **	2.55	0.0175 ***	3.06	0.0145 ***	3.14	0.0175 ***	3.82
HORZ	0.0000333 *	1.81	0.0000297	1.60	0.0000333 **	2.06	0.0000297 *	1.83
LOC	0.0233	1.42	0.0209	1.29	0.0233 *	1.69	0.0209	1.52
EDU	0.0175 *	1.90	0.0157 *	1.73	0.0175 *	1.70	0.0157	1.57
SEO	0.0111	1.32	0.00931	1.10	0.0111	1.53	0.00931	1.28
INS	−0.0482 *	−1.87	−0.0523 **	−1.99	−0.0482 **	−2.04	−0.0523 **	−2.23
Cash_01	−0.0108	−0.51	−0.0122	−0.59	−0.0108	−0.58	−0.0122	−0.65
常数	0.0690	0.50	0.0460	0.32	0.0690	0.61	0.0460	0.37
行业效应	控制		控制		控制		控制	
年度效应	控制		控制		控制		控制	
F 值	4.95 ***		8.61 ***		4.89 ***		8.23 ***	
调整后的 R²	3.54%		3.54%		4.35%		4.35%	

注：（1）*** 、** 、* 分别表示在 1% 、5% 、10% 水平上统计显著；
（2）表中的回归系数和显著性依照彼得森（2009）和高等（2010）的聚类方法（robust cluster）进行了相应的调整，模型 1 和模型 3 为控制了同一企业后调整的相应回归系数和 t 值，模型 2 和模型 4 为控制了同一分析师后调整相应的回归系数和 t 值。

表 7 - 4 的回归结果显示，无论是否加入上年度现金流预测准确性指标，上年度盈余预测的准确性对本期现金流预测准确性的影响并未通过 10% 水平下显著性检验，这表明分析师的现金流预测并不是盈余预测的"附属产品"，现金流预测所需要的信息和分析技能都有其自身的独特性。

同样地，在控制了盈余预测准确性后，分析师总体经验仍然未能通过 10% 水平下显著性检验，而分析师公司层面经验与盈余预测之间存在显著的正相关关系，上年度现金流预测准确性与当年度现金流预测准确性显著正相关，与前述结论保持了一致性。

7.4.4　稳健性检验

（1）采用分析师当年度首次对特定公司分布的现金流预测数据来衡量现金流预测准确性。

本章对分析师年度现金流预测数据进行了研究，由于分析师年度内对同一上市公司多次进行现金流预测，虽然前述回归中分别控制了企业效应和分析师效应，最大限度消除了潜在的异方差和序列相关问题。但为了本章结论的稳健性，本章采用了当年度分析师首次发布对特定公司发布的现金流预测数据计算该分析师当年度现金流的预测准确性，共收集到 22781 个年度分析师样本数据。回归结果如表 7 - 5 所示。

表 7 - 5　　　　证券分析师预测经验与现金流预测准确性关系回归结果

N = 22781	模型 1		模型 2	
	系数	t 值	系数	t 值
EXPG	0.0217	(1.42)	0.0217	(1.33)
EXPF	0.0943 ***	(3.58)	0.0943 ***	(3.64)
FREQ	- 0.0433 **	(- 2.44)	- 0.0433 **	(- 2.40)
NFIRM	0.000431	(0.49)	0.000431	(0.43)
NIND	- 0.00347	(- 0.35)	- 0.00347	(- 0.33)
BSize	0.0620 *	(1.69)	0.0620 **	(2.09)
HORZ	0.000665 **	(2.25)	0.000665 **	(2.22)
LOC	- 0.125 *	(- 1.73)	- 0.125 *	(- 1.77)
EDU	0.199	(1.30)	0.199	(1.32)
SEO	0.0681	(0.54)	0.0681	(0.54)
INS	- 0.757 ***	(- 3.12)	- 0.757 ***	(- 3.16)
Cash_01	0.135	(1.34)	0.135	(1.42)
常数	- 1.418	(- 1.45)	- 1.418	(- 1.63)

续表

N = 22781	模型 1		模型 2	
	系数	t 值	系数	t 值
行业效应	控制		控制	
年度效应	控制		控制	
F 值	8. 94 ***		22. 21 ***	
调整后的 R²	1. 06%		1. 06%	

注：（1）　*** 、 ** 、 * 分别表示在1% 、5% 、10% 水平上统计显著；

（2）表中的回归系数和显著性依照彼得森（2009）和高等（2010）的聚类方法（robust cluster）进行了相应的调整，模型 1 为控制了同一企业后调整的相应回归系数和 t 值，模型 2 为控制了同一分析师后调整相应的回归系数和 t 值。

表 7 - 5 的回归结果同样表明，分析师现金流预测过程中并未体现"熟能生巧"的现象，分析师整体层面预测经验与现金流预测准确性之间正相关关系并未通过 10% 显著性水平检验。但分析师特定公司层面的预测经验与现金流预测准确性显著正相关，表明分析师跟踪特定上市公司时间越长，对获取该特定公司的信息越能有效处理，作出准确判断的可能性越高。

另外，洪剑峭等（2012）采用了当年度 7 月 31 日前分析师对特定公司最后一次发布的盈余预测作为计算当年度分析师盈余预测准确性的标准，本章亦借鉴洪剑峭等（2012）的做法，采用当年度 7 月 31 日前分析师针对特定公司最后一次发布的现金流预测作为计算当年度该分析师现金流预测准确性的标准。为了消除过时现金流预测的影响（O'Brien，1988），本章还采用了分析师当年度最后一次现金流预测来计算当年度分析师现金流预测准确性，回归结果与前述研究结论保持了高度的一致性。

（2）采用原始数据进行回归。

本章前述研究对经调整后现金流预测准确性数据和缩尾处理后的数据进行了相应的分析，为了研究本章的稳健性，重新采用未经调整的现金流预测准确程度数据和未经缩尾处理的数据进行分析，回归结果表示上述结论是稳健的。

7.5　本章小结

作为资本市场上信息传递的重要中介，证券分析师往往投入大量精力对上市公司进行调研，跟踪公司动态，在信息搜集、整理和传递方面发挥着重要作用，已经成为中国资本市场中一支不可忽视的力量，他们的研究报告对投资者，尤其是中小投资者的投资决策产生重大影响。近些年来，为了满足投资者对现金流信息的需求，我国分析师自从2002年起开始逐渐提供现金流预测研究报告。

本章以2007~2011年间分析师发布的现金流预测数据为研究对象，以单个证券分析师年度内的单次现金流预测数据为研究样本，系统考察了证券分析师预测经验和历史预测准确性对现金流预测准确性的影响，本章的主要研究结论有：（1）分析师公司层面经验与现金流预测准确性显著正相关，这表明分析师跟踪特定上市公司年限越长，分析师能够掌握更多的私有信息，对获取该特定公司的私有信息更能有效处理，作出准确判断的可能性越高。（2）上年度现金流预测准确性与当期现金流预测准确性显著正相关，这说明分析师在进行现金流预测时会理性地根据自己的预测准确性记录来更新其现金流预测。此外，本章还研究了盈余预测准确性对现金流预测准确性的影响，结果发现，现金流预测有别于盈余预测，盈余预测的准确性并不能解释现金流预测准确性。

本章的研究结论有助于我们更好地理解分析师出具的研究报告质量，对利用分析师现金流预测数据的利益相关者具有一定参考意义。我们发现分析师特定公司层面的预测经验有助于提升现金流预测的准确性，这有助于关注现金流预测信息的投资者更好地甄别相关预测信息。

第8章

研 究 总 结

本书对分析师跟进、分析师额外签发现金流预测以及分析师托市行为进行了文献回顾，还针对以下问题做了深入探讨与实证检验，它们包括：公司治理对分析师跟进的影响、分析师跟进对上市公司盈余管理和审计费用的影响、分析师发布现金流预测的动机研究、影响分析师现金流预测准确性的因素和分析师跟进对企业避税程度的影响研究。本书研究得出了一些有意义的结论，主要有：

（1）公司治理质量越高，其信息披露质量越高，越容易吸引证券分析师跟踪，证券分析师跟进比例与公司治理质量呈显著正相关关系。将公司治理划分为内部公司治理和外部公司治理后发现，证券分析师跟进比例与内部公司治理质量显著正相关，这得益于内部公司治理的监管机制和激励机制与上市公司的会计信息披露质量之间存在着重要的交互作用，内部公司治理质量越高，上市公司的会计信息披露越及时和准确，越有利于吸引证券分析师的跟踪。

（2）分析师跟进与法律环境对于上市公司的正向盈余管理行为具有显著的抑制作用，但是对于上市公司的负向盈余管理的抑制作用并不显著。而当上市公司所处地区的投资者保护法律环境较弱的情况下，分析师跟进发挥了更强的外部监督作用，表现为分析师跟进与上市公司正向盈余管理程度更加负相关，并且在控制了分析师跟进的内生性问题后，分析师跟进和法律环境同样发挥了外部公司治理的监督作用，两者分别与上市公司正向盈余管理程度显著负相关。

（3）分析师跟进与审计费用显著负相关，分析师跟进有利于降低上市公司的经营风险，减少注册会计师审计资源的耗费，降低审计费用；相对于一般分析师，明星分析师具有良好的声誉和市场影响力，审计人员对其研究报告的依赖程度更高，明星分析师的跟进更加有利于降低审计费用。

（4）分析师发布现金流预测的主要动机是向市场传递与其能力相关的信号。高能力的分析师选择发布对数据搜集和分析能力有更高要求的现金流预测，而这种行为是不能被能力低下分析师模仿的，高能力的分析师借此将自己与滥竽充数的分析师划清界限。而对于明星分析师，两者的正相关关系并不显著，其原因在于明星分析师已经拥有良好的声誉和市场，发布现金流预测对明星分析师声誉的增加微乎其微；分析师对机构投资者比例高的公司的预测数据表明，机构投资者持股加强了两者的相关关系，说明分析师更愿意向机构投资者展示自身实力，分析师更希望在机构投资者处获得良好声誉。

（5）分析师公司层面经验与现金流预测准确性显著正相关，表明分析师跟踪特定上市公司年限越长，分析师能够掌握更多的私有信息，对获取该特定公司的私有信息更能有效处理，作出准确判断的可能性越高。此外，上年度现金流预测准确性与当期现金流预测准确性显著正相关，这说明分析师在进行现金流预测时会理性地根据自己的预测准确性记录来更新其现金流预测。

（6）分析师跟进与上市公司避税程度显著正相关，分析师发布盈余预测研究报告会给上市公司的业绩造成压力，这驱使上市公司通过避税手段以达到或超过分析师盈余预测目标。由于明星分析师具有更高的市场号召力，明星分析师的跟进与上市公司避税程度更为显著。

对于以上六个子问题的研究，分别从分析师跟进的动机、治理作用、分析师额外签发现金流预测报告以及分析师的经济后果性等角度，更多地探讨了分析师跟进对公司层面的影响，验证了分析师的信息中介作用。本书的研究结论有助于我们更好地理解分析师在新兴资本市场中的行为特征，理性地看待分析师对上市公司的跟进行为。分析师跟进能够发挥监督的角色以及信息中介的角色以降低企业盈余管理行为以及审计费用，也会因为自身的乐观性偏差导致企业的避税程度加深。所以，针对我国目前仍不成熟的资本市场，企业自身应该综合考量分析师跟进与否对自身业绩与发展前景的影响而进行经营决策，投资者则可以从披露的分析师跟进信息来考量企业的经营特征和相关绩效标准。

附录1 内部治理机制评价指标体系

一级指标	二级指标	三级指标	指标描述
管理层权力	管理层与董事会关系	总经理的兼任状况	不兼任时值为0，兼任董事时值为1，兼任董事长时值为2
		担任董事高管占董事的比例	在董事会中担任董事的高管人数占董事的比例
	管理层与股东关系	总经理是否来自于控股股东	来自于控股股东时值为1，否则为零
		在股东单位兼职的高管比例	兼职高管数量占全部高管人数比率
	内生性权力	总经理的任职期限	总经理任职年限，如存在总经理变更，以前任总经理任职年限计算
股东权利	股权结构	控股股东的存在性	以LLS（1999）20%持股比例判断，大于20%表明存在控股股东，值为1，否则为0
		金字塔结构层级	从控股股东到上市公司最长控制链上的公司个数，包括控股股东和上市公司本身
		股权集中度	以前五大股东持股比例计算得到的HHI指数
	两权分离状况	现金流量权	从控股股东至上市公司经历的最长控制链上持股比例的乘积
		两权分离程度	实际控制权与现金流量权的差异
	所有权性质	最终控制人的性质	4表示实际控制人是县级政府，3市级，2省级，1中央，0为非国有
	控股股东行为	现金股利政策	当年累计分配红利占净利润的比例

续表

一级指标	二级指标	三级指标	指标描述
关联交易	关联股权	关联股权交易	0 - 1 变量，0 表示存在关联股权交易
	资金占用	控股股东资金净占用率	（控股股东对上市公司资金占用 - 上市公司对控股股东资金占用）/上市公司年末总资产
		超额关联购、销货比率	上市公司采购于控股股东货款 - 上市公司销售与控股股东货款）/营业收入，扣除行业均值
		超额关联应收、应付款比率	上市公司应收控股股东账款 - 上市公司应付控股股东账款）/总资产，扣除行业均值
	关联担保	超额控股股东担保比率	为控股股东提供的担保比率，扣除行业均值
		关联担保总额	0 - 1 变量，0 表示超过上一期经审计净资产的 50%
	关联交易执行	关联交易定价	0 - 1 变量，1 表示交易采用了市场定价
		独立董事意见	0 - 1 变量，1 表示独董对重大交易发表了专业意见
监督机制	对管理层监督	董事会规模	董事会成员人数之和
		董事会结构	独立董事占董事会的比重
		董事长是否来自于控股股东	0 - 1 变量，1 表示来自控股股东
		独立董事参会比率	每家公司所有独董出席会议的平均比率，委托出席作为缺席处理
		独董与公司地点是否一致	0 - 1 变量，1 表示一致，0 表示不一致或者不确定
		专业委员会的设置	0 - 4 变量，四项委员会设置的个数
		年度董事会会议次数	年度董事会会议次数
		监事会规模	监事会成员人数之和
		年度监事会会议次数	年度监事会会议次数
	控股股东制衡	年度股东大会出席率	一年平均股东大会的出席比率，包括年末股东大会和临时性会议
		年度股东大会次数	一年中股东大会的召开次数
		机构投资者持股比例	机构投资者持股占全部股本的比例
		股权制衡度	第二大股东至第五大股东持股比例与控股股东持股比例之比
	公司整体监督	交叉上市	0 - 1 变量，1 表示在其他市场交叉上市

续表

一级指标	二级指标	三级指标	指标描述
激励机制	薪酬激励	前三名董事成员薪酬	参考上市公司的数据按行业进行调整
		前三名高管薪酬	参考上市公司的数据按行业进行调整
		领取薪酬的董监事高管比例	领取薪酬的人数占总人数的比例
	股权激励	股权激励是否实施	激励方案通过董事会议案取 1，否则取 0
		公司董监事高管持股比例	考虑了兼职后的董监事高管持股数量占公司总股本的比例
信息披露	真实性	披露的年报是否进行补丁处理	0－1 变量，0 表示年报存在补丁处理
		年度财务报告是否被出具非标准无保留意见	0－1 变量，0 表示被出具了非标准的无保留意见
		是否收到证监会、交易所警告、罚款和公开谴责	0－1 变量，0 表示收到了警告、罚款或公开谴责
	及时性	年度财务报告的及时披露	0－1 变量，1 标示上市公司当年度披露的日期比上一年度披露日期要早，且超过 10 天的时间
	完整性	股东大会决议的披露	0－1 变量，1 表示充分披露股东会议
		独立董事参会记录的披露	0－1 变量，1 表示充分披露了独立董事应参会次数和缺席次数
		专业委员会设立的披露	0－1 变量，1 表示充分披露了四个委员会设立情况
		关联交易方及关联关系的披露	0－1 变量，1 表示充分披露了关联交易方及关联关系

附录2 外部公司治理机制评价指标体系

一级指标	二级指标	三级指标	指标描述
地方政府治理	市场投资环境	产品市场的发育程度	来自于樊纲、王小鲁（2016）《中国市场化指数》报告
		要素市场的发育程度	
	上市公司干预	减轻政府对市场的干预	
	司法执行效率	中介组织的发育和法律制度环境	
行业环境治理	市场竞争程度	行业集中度	以行业所有上市公司的销售收入计算得到的赫芬达尔指数衡量
		行业竞争程度	0－1变量：1为高竞争行业，0为低竞争行业
		行业内企业数量	对行业内企业数量取对数值
		当年行业发生兼并或重组的比例	发生兼并或重组公司占行业比例

参 考 文 献

[1] 白晓宇. 上市公司信息披露政策对分析师预测的多重影响研究 [J]. 金融研究，2009 (4)：92 –112.

[2] 蔡卫星，高明华. 审计委员会与信息披露质量：来自中国上市公司的经验证据 [J]. 南开管理评论，2009，12 (4)：120 –127.

[3] 曹胜，朱红军. 王婆贩瓜：券商自营业务与分析师乐观性 [J]. 管理世界，2011 (7)：20 –30.

[4] 储一昀，仓勇涛. 财务分析师预测的价格可信吗？——来自中国证券市场的经验证据 [J]. 管理世界，2008 (3)：58 –69.

[5] 樊铮，宋乐. 分析师特征券商规模与盈利预测 [J]. 中国注册会计师，2010 (7)：45 –50.

[6] 方军雄. 我国上市公司信息披露透明度与证券分析师预测 [J]. 金融研究，2007 (6a)：136 –148.

[7] 高雷，张杰. 公司治理、机构投资者与盈余管理 [J]. 会计研究，2008 (9)：64 –72.

[8] 管总平，黄文锋. 证券分析师特征、利益冲突与盈余预测准确性 [J]. 中国会计评论，2012 (4)：371 –394.

[9] 郭杰，洪洁瑛. 中国证券分析师的盈余预测行为有效性研究 [J]. 经济研究，2009 (11)：55 –67.

[10] 洪剑峭，王瑞，陈长松. 分析师盈余预测准确性与投资评级的效

率——基于中国证券市场的实证分析 [J]. 投资研究, 2012 (8): 30 – 44.

[11] 胡丹, 冯巧根. 信息环境、审计质量与 IPO 抑价——以 A 股市场 2009 ~ 2011 年上市的公司为例 [J]. 会计研究, 2013 (2): 78 – 85.

[12] 胡奕明, 金洪飞. 证券分析师关注自己的声誉吗? [J]. 世界经济, 2006 (2): 71 – 81.

[13] 胡奕明, 沈光明, 岑江华. 见解的独到性与预示性——关于我国证券分析师分析能力的实证研究 [J]. 中国会计评论, 2005 (2): 287 – 308.

[14] 黄永安. 分析师预测内容的信息含量——基于荐股修正和分析师职业变动的视角 [J]. 山西财经大学学报, 2014 (2): 37 – 52.

[15] 季侃, 仝自强. 盈余构成、持续性差异与财务分析师盈余预测——基于我国 A 股上市公司的经验分析 [J]. 山西财经大学学报, 2012 (2): 111 – 119.

[16] 姜国华. 关于证券分析师对中国上市公司会计收益预测的实证研究 [J]. 经济科学, 2004 (6): 72 – 79.

[17] 李春涛, 赵一, 徐欣等. 按下葫芦浮起瓢: 分析师跟踪与盈余管理途径选择 [J]. 金融研究, 2016 (4): 144 – 157.

[18] 李丹, 贾宁. 盈余质量、制度环境与分析师预测 [J]. 中国会计评论, 2009 (4): 351 – 370.

[19] 李冬昕, 李心丹, 张兵. 分析师的盈利预测偏差与本地优势 [J]. 财经科学, 2011 (3): 26 – 33.

[20] 李寿喜. 产权、代理成本和代理效率 [J]. 经济研究, 2007 (1): 102 – 113.

[21] 廖明情. 分析师收入预测报告的动机和后果——基于信号理论和声誉理论的分析 [J]. 中国会计评论, 2012 (2): 157 – 178.

[22] 林小驰, 欧阳婧, 岳衡. 谁吸引了海外证券分析师的关注 [J]. 金

融研究，2007（1a）：84 – 98.

[23] 刘行，叶康涛. 企业的避税活动会影响投资效率吗？[J]. 会计研究，2013（6）：47 – 53.

[24] 李传春，秦刚. 公司治理与会计信息质量关系的实证研究 [J]. 中国商论，2012（30）：55 – 56.

[25] 刘启亮，李增泉，姚易伟. 投资者保护、控制权私利与金字塔结构——以格林柯尔为例 [J]. 管理世界，2008（12）：139 – 148.

[26] 宁家耀，李军. 产品市场竞争、公司治理与会计信息披露 [J]. 当代经济管理，2012，34（1）：26 – 30.

[27] 潘克勤. 公司治理、审计风险与审计定价——基于 CCGI ~ （NK）的经验证据 [J]. 南开管理评论，2008，11（1）：106 – 112.

[28] 潘越，戴亦一，林超群. 信息不透明、分析师关注与个股暴跌风险 [J]. 金融研究，2011（9）：138 – 151.

[29] 潘越，戴亦一，刘思超. 我国承销商利用分析师报告托市了吗？ [J]. 经济研究，2011（3）：131 – 144.

[30] 潘越，吴超鹏，史晓康. 社会资本、法律保护与 IPO 盈余管理 [J]. 会计研究，2010（5）：62 – 67.

[31] 权小锋，吴世农. CEO 权力强度、信息披露质量与公司业绩的波动性——基于深交所上市公司的实证研究 [J]. 南开管理评论，2010，13（4）：142 – 153.

[32] 石桂峰，苏力勇，齐伟山. 财务分析师盈余预测精确度决定因素的实证分析 [J]. 财经研究，2007，33（5）：62 – 71.

[33] 宋乐，张然. 上市公司高管证券背景影响分析师预测吗？ [J]. 金融研究，2010（6）：112 – 123.

[34] 孙铮，刘凤委，李增泉. 市场化程度、政府干预与企业债务期限结

构——来自我国上市公司的经验证据 [J]. 经济研究, 2005 (5): 52 - 63.

[35] 谭劲松, 郑国坚, 彭松. 地方政府公共治理与国有控股上市公司控制权转移——1996～2004 年深圳市属上市公司重组案例研究 [J]. 管理世界, 2009 (10): 135 - 151.

[36] 谭兴民, 宋增基, 蒲勇健. 公司治理影响信息披露了吗?——对中英资本市场的实证比较研究 [J]. 金融研究, 2009 (8): 171 - 181.

[37] 汪弘, 罗党论, 林东杰. 行业分析师的研究报告对投资决策有用吗?——来自中国 A 股上市公司的经验证据 [J]. 证券市场导报, 2013 (7): 36 - 43.

[38] 王斌, 梁欣欣. 公司治理、财务状况与信息披露质量——来自深交所的经验证据 [J]. 会计研究, 2008 (2): 31 - 38.

[39] 王兵. 独立董事监督了吗?——基于中国上市公司盈余质量的视角 [J]. 金融研究, 2007 (1a): 109 - 121.

[40] 王会娟, 张然, 张鹏. 分析师为什么选择性的发布现金流预测?——基于信息需求理论的实证研究 [J]. 投资研究, 2012 (7): 27 - 40.

[41] 王静, 郝东洋, 张天西. 税收规避、公司治理与管理者机会主义行为 [J]. 山西财经大学学报, 2014 (3): 77 - 89.

[42] 王瑞, 洪剑峭. 承销商分析师的盈利预测行为分析——基于再融资的实证研究, 第二届 2009 年《中国金融评论》国际研讨会论文集, 2009.

[43] 王宇超, 肖斌卿, 李心丹. 分析师跟进的决定因素——来自中国证券市场的证据 [J]. 南方经济, 2012, 30 (10): 88 - 101.

[44] 王宇熹, 肖峻, 陈伟忠. 券商可信度、分析师荐股绩效差异与利益冲突 [J]. 证券市场导报, 2010 (5): 31 - 40.

[45] 王跃堂, 周雪, 张莉. 长期资产减值: 公允价值的体现还是盈余管理行为 [J]. 会计研究, 2005 (8): 30 - 36.

[46] 魏春燕. 审计师行业专长与客户的避税程度 [J]. 审计研究, 2014 (2): 74 - 83.

[47] 魏明海, 柳建华, 刘峰. 中国上市公司投资者保护研究报告 [M]. 经济科学出版社, 2010.

[48] 吴永明, 袁春生. 法律治理、投资者保护与财务舞弊: 一项基于上市公司的经验证据 [J]. 中国工业经济, 2007 (3): 104 - 111.

[49] 吴宗法, 张英丽. 基于法律环境和两权分离的利益侵占研究——来自中国民营上市公司的经验证据 [J]. 审计与经济研究, 2012, 27 (1): 90 - 98.

[50] 伍燕然, 潘可, 胡松明等. 行业分析师盈利预测偏差的新解释 [J]. 经济研究, 2012 (4): 149 - 160.

[51] 夏立军, 陈信元. 市场化进程、国企改革策略与公司治理结构的内生决定 [J]. 经济研究, 2007 (7): 82 - 95.

[52] 夏立军, 方轶强. 政府控制、治理环境与公司价值——来自中国证券市场的经验证据 [J]. 经济研究, 2005 (5): 40 - 51.

[53] 肖珉. 法的建立、法的实施与权益资本成本 [J]. 中国工业经济, 2008 (3): 40 - 48.

[54] 邢立全, 陈汉文. 产品市场竞争、竞争地位与审计收费——基于代理成本与经营风险的双重考量 [J]. 审计研究, 2013 (3): 50 - 58.

[55] 许年行, 江轩宇, 伊志宏等. 分析师利益冲突、乐观偏差与股价崩盘风险 [J]. 经济研究, 2012 (7): 127 - 140.

[56] 薛敏正, 郭振雄, 刘沂佩. 信息透明度对审计收费之影响 [J]. 中国会计评论, 2009 (2): 207 - 224.

[57] 叶康涛. 盈余管理与所得税支付: 基于会计利润与应税所得之间差异的研究 [J]. 中国会计评论, 2006 (2): 205 - 224.

[58] 尹玉刚. 分析师教育、经验和努力：投资者关注与认知偏差 [J]. 投资研究，2014（12）：126 – 141.

[59] 袁振超，张路，岳衡. 分析师现金流预测能够提高盈余预测准确性吗——来自我国A股市场的经验证据 [J]. 金融研究，2014（5）：162 – 177.

[60] 原红旗，黄倩茹. 承销商分析师与非承销商分析师预测评级比较研究 [J]. 中国会计评论，2007（3）.

[61] 岳衡，林小驰. 证券分析师VS统计模型：证券分析师盈余预测的相对准确性及其决定因素 [J]. 会计研究，2008（8）：40 – 49.

[62] 张建平，余玉苗. 媒体监督影响审计定价吗——来自中国证券市场的初步证据 [J]. 山西财经大学学报，2013（3）：102 – 112.

[63] 张然，陆正飞，叶康涛. 会计准则变迁与长期资产减值 [J]. 管理世界，2007（8）：77 – 84.

[64] 张然，王会娟，张路. 本地优势、信息披露质量和分析师预测准确性 [J]. 中国会计评论，2012（2）：127 – 138.

[65] 张天舒，黄俊. 金融危机下审计收费风险溢价的研究 [J]. 会计研究，2013（5）.

[66] 张学勇，廖理. 股权分置改革、自愿性信息披露与公司治理 [J]. 经济研究，2010（4）：28 – 39.

[67] 张宗新，杨万成. 声誉模式抑或信息模式：中国证券分析师如何影响市场？[J]. 经济研究，2016（9）：104 – 117.

[68] 赵德武，曾力，谭莉川. 独立董事监督力与盈余稳健性——基于中国上市公司的实证研究 [J]. 会计研究，2008（9）：57 – 65 + 98.

[69] 赵良玉，李增泉，刘军霞. 管理层偏好、投资评级乐观性与私有信息获取 [J]. 管理世界，2013（4）：33 – 47.

[70] 赵玉洁. 法律环境、分析师跟进与盈余管理 [J]. 山西财经大学学

报，2013，35（1）：73 - 83.

[71] 郑建明，黄晓蓓，张新民. 管理层业绩预告违规与分析师监管 [J].
会计研究，2015（3）：50 - 56.

[72] 郑志刚，邓贺斐. 法律环境差异和区域金融发展——金融发展决定
因素基于我国省级面板数据的考察 [J]. 管理世界，2010（6）：14 - 27.

[73] 周冬华，赵玉洁. 分析师跟进能够降低审计费用吗——来自中国证
券市场的经验证据 [J]. 证券市场导报，2015（1）：13 - 18.

[74] 周冬华，赵玉洁. 证券分析师盈余预测乐观倾向：利益关联还是启
发式认知偏差？[J]. 管理评论，2016，28（1）：205 - 218.

[75] 周冬华，黄迎. 证券分析师预测经验、历史预测准确性与现金流预
测 [J]. 中国注册会计师，2014（2）：73 - 81.

[76] 周开国，李涛，张燕. 董事会秘书与信息披露质量 [J]. 金融研
究，2011（7）：167 - 181.

[77] 朱红军，何贤杰，陶林. 中国的证券分析师能够提高资本市场的效
率吗——基于股价同步性和股价信息含量的经验证据 [J]. 金融研究，2007
（2）：110 - 121.

[78] 朱星文，廖义刚，谢盛纹. 高级管理人员变更、股权特征与盈余管
理——来自中国上市公司的经验证据 [J]. 南开管理评论，2010，13（2）：
23 - 29.

[79] Aggarwal R. Stabilization Activities by Underwriters after Initial Public
Offerings [J]. The Journal of Finance, 2000, 55 (3): 1075 - 1103.

[80] Ali A. The Incremental Information Content of Earnings, Working Cap-
ital from Operations, and Cash Flows [J]. Journal of Accounting Research, 2015,
5 (9): 889 - 894.

[81] Baginski S. P. , Hassell J. M. . Determinants of Management Forecast

Precision [J]. Accounting Review, 1997, 72 (2): 303 – 312.

[82] Baik B. , Jiang G. The use of management forecasts to dampen analysts' expectations ☆ [J]. Journal of Accounting & Public Policy, 2006, 25 (5): 531 – 553.

[83] Barber B. M. , Lehavy R. , Trueman B. Ratings Changes, Ratings Levels, and the Predictive Value of Analysts' Recommendations [J]. Financial Management, 2010, 39 (2): 533 – 553.

[84] Barron O. E. , Byard D. , Kim O. . Changes in Analysts' Information around Earnings Announcements [J]. Accounting Review, 2002, 77 (4): 821 – 846.

[85] Barth M. E. , Kasznik R. , Mcnichols M. F. . Analyst Coverage and Intangible Assets [J]. Journal of Accounting Research, 2001, 39 (1): 1 – 34.

[86] Bartov E. , Dan G. , Hayn C. . The rewards to meeting or beating earnings expectations ☆ [J]. Ssrn Electronic Journal, 2002, 33 (2): 173 – 204.

[87] Beaver W. H. . Perspectives on Recent Capital Market Research [J]. Accounting Review, 2002, 77 (2): 453 – 474.

[88] Bell T. B. , Landsman W. R. , Shackelford D. A. . Auditors' perceived business risk and audit fees: Analysis and evidence [J]. Journal of Accounting research, 2001, 39 (1): 35 – 43.

[89] Bowen R. M. , Burgstahler D. , Daley L. A. . The Incremental Information Content of Accrual versus Cash Flows [J]. Accounting Review, 1987, 62 (4): 723 – 747.

[90] Bondt W. F. M. D. , Thaler R. H. . Do Security Analysts Overreact? [J]. American Economic Review, 1990, 80 (2): 52 – 57.

[91] Bowen R. M. , Davis A. K. , Matsumoto D. A. . Do Conference Calls Affect Analysts' Forecasts? [J]. Accounting Review, 2011, 77 (2): 285 – 316.

[92] Bradley D. J. , Jordan B. D. , Ritter J. R. . The Quiet Period Goes out with a Bang [J]. The Journal of Finance, 2003, 58 (1): 1 – 36.

[93] Brownlawrence D. . How Important Is Past Analyst Forecast Accuracy? [J]. Financial Analysts Journal, 2001, 57 (6): 44 – 49.

[94] Caylor M. L. , Brown L. D. . A Temporal Analysis of Quarterly Earnings Thresholds:, Propensities and Valuation Consequences [M]//The Accounting Review. 2005: págs. 423 – 440.

[95] Brown L. D. , Caylor M. L. . Corporate governance and firm valuation ☆ [J]. Journal of Accounting & Public Policy, 2006, 25 (4): 409 – 434.

[96] Bushman R. M. , Piotroski J. D. , Smith A. J. . Insider Trading Restrictions and Analysts' Incentives to Follow Firms [J]. The Journal of Finance, 2005, 60 (1): 35 – 66.

[97] Byard D. , Li Y. , Weintrop J. . Corporate governance and the quality of financial analysts' information [J]. Journal of Accounting & Public Policy, 2006, 25 (5): 609 – 625.

[98] Call A. C. , Chen S. , Tong Y. H. Are analysts' earnings forecasts more accurate when accompanied by cash flow forecasts? [J]. Review of Accounting Studies, 2009, 14 (2): 358 – 391.

[99] Cfa F. T. M. What Determines Corporate Transparency? (Digest Summary) [J]. Journal of Cell Science, 2006, 126 (Pt 5): 1218 – 1226.

[100] Cen L. , Hilary G. , Wei K. C. J. The Role of Anchoring Bias in the Equity Market: Evidence from Analysts' Earnings Forecasts and Stock Returns [J]. Journal of Financial and Quantitative Analysis, 2013, 48 (1): 47 – 76.

[101] Chen S. K. , Lin B. X. , Wang Y. , et al. The frequency and magnitude of earnings management: Time-series and multi-threshold comparisons [J]. International

Review of Economics & Finance, 2010, 19 (4): 671 – 685.

[102] Chou, R., K., Hou, S., R.. Quality of Corporate Governance, Analyst Coverage, and Analyst Forecast Error: Do analysts serve as external monitors to managers? [R]. Working Paper, 2010.

[103] Clement M. B.. Analyst forecast accuracy: Do ability, resources, and portfolio complexity matter? [J]. Journal of Accounting & Economics, 1999, 27 (3): 285 – 303.

[104] Clement M. B., Tse S. Y.. Financial Analyst Characteristics and Herding Behavior in Forecasting [J]. The Journal of Finance, 2005, 60 (1): 307 – 341.

[105] Dan S. D., Gleason C. A., Mills L. F.. Last – Chance Earnings Management: Using the Tax Expense to Meet Analysts' Forecasts [J]. Contemporary Accounting Research, 2004, 21 (2): 431 – 459.

[106] Dan G., Hayn C., Lehavy R.. The Quality of Analysts' Cash Flow Forecasts [J]. Accounting Review, 2009, 84 (6): 1877 – 1911.

[107] Dechow P. M.. Accounting earnings and cash flows as measures of firm performance: The role of accounting accruals [J]. Journal of Accounting & Economics, 1992, 18 (1): 3 – 42.

[108] Defond M. L., Hung M.. An empirical analysis of analysts' cash flow forecasts [J]. Journal of Accounting & Economics, 2003, 35 (1): 73 – 100.

[109] Defond M. L., Hung M.. Investor Protection and Analysts' Cash Flow Forecasts Around the World [J]. Review of Accounting Studies, 2007, 12 (2): 377 – 419.

[110] Defond M. L., Hung M.. Investor Protection and Corporate Governance: Evidence from Worldwide CEO Turnover [J]. Journal of Accounting Re-

search, 2004, 42 (2): 269 – 312.

[111] Degeorge F. , Ding Y. , Jeanjean T. , et al. Analyst coverage, earnings management and financial development: An international study [J]. Journal of Accounting & Public Policy, 2012, 32 (1): 1 – 25.

[112] Desai M. A. , Dharmapala D. . Corporate tax avoidance and high-powered incentives [J]. Journal of Financial Economics, 2004, 79 (1): 145 – 179.

[113] Desai M. A. . The Divergence between Book Income and Tax Income [M]. National Bureau of Economic Research, Inc, 2003.

[114] Durnev A. , Kim E. H. . To Steal or Not to Steal: Firm Attributes, Legal Environment, and Valuation [J]. The Journal of Finance, 2005, 60 (3): 1461 – 1493.

[115] Dyck A. , Morse A. , Zingales L. . Who Blows the Whistle on Corporate Fraud? [J]. The Journal of Finance, 2010, 65 (6): 2213 – 2253.

[116] Ertimur Y. , Mayew W. J. , Stubben S. R. . Analyst reputation and the issuance of disaggregated earnings forecasts to I/B/E/S [J]. Review of Accounting Studies, 2011, 16 (1): 29 – 58.

[117] Ertimur Y. , Stubben S. . Analysts' Incentives to Issue Revenue and Cash Flow Forecasts [R]. Working Paper, 2005.

[118] Fan J. P. H. , Wong T. J. . Do External Auditors Perform a Corporate Governance Role in Emerging Markets? Evidence from East Asia [J]. Journal of Accounting Research, 2005, 43 (1): 35 – 72.

[119] Fan J. P. H. , Wong T. J. . Corporate ownership structure and the informativeness of accounting earnings in East Asia [J]. Journal of Accounting & Economics, 2002, 33 (3): 401 – 425.

[120] Fang J. , Haw I. M. , Yu. V. , et al. Positive externality of analyst

coverage upon audit services: evidence from China [J]. Asia – Pacific Journal of Accounting & Economics, 2014, 21 (2): 186 – 206.

[121] Gompers P. , Ishii J. , Metrick A. . Corporate Governance and Equity Prices [J]. Nber Working Papers, 2003, 118 (1): 107 – 155.

[122] Gotti G. , Higgs J. L. , Han S. , et al. Managerial Stock Ownership, Analyst Coverage, and Audit Fee [J]. Journal of Accounting Auditing & Finance, 2012, 27 (3): 7052 – 7070.

[123] Graham J. R. , Harvey C. R. , Rajgopal S. The economic implications of corporate financial reporting [J]. Journal of Accounting & Economics, 2005, 40 (1 – 3): 3 – 73.

[124] Hazarika S. , Karpoff J. M. , Nahata R. . Internal corporate governance, CEO turnover, and earnings management [J]. Journal of Financial Economics, 2012, 104 (1): 44 – 69.

[125] Healy P. M. , Palepu K. G. . Information asymmetry, corporate disclosure, and the capital markets: A review of the empirical disclosure literature [J]. Journal of Accounting & Economics, 2001, 31 (1 – 3): 405 – 440.

[126] Irani R. M. , Oesch D. . Analyst coverage and real earnings management: Quasi-experimental evidence [J]. Journal of Financial and Quantitative Analysis, 2016, 51 (2): 589 – 627.

[127] OleKristianHope. Analyst following and the influence of disclosure components, IPOs and ownership concentration [J]. Asia – Pacific Journal of Accounting & Economics, 2003, 10 (2): 117 – 141.

[128] Jackson A. R. . Trade Generation, Reputation, and Sell – Side Analysts [J]. The Journal of Finance, 2005, 60 (2): 673 – 717.

[129] James C. , Karceski J. . Strength of analyst coverage following IPOs [J].

Journal of Financial Economics, 2006, 82 (1): 1 – 34.

[130] Jennings R.. Unsystematic Security Price Movements, Management Earnings Forecasts, and Revisions in Consensus Analyst Earnings Forecasts [J]. Journal of Accounting Research, 1987, 25 (1): 90 – 110.

[131] Jensen M. , Meckling W.. Theory of the firm: Managerial behavior, agency costs and ownership structure [J]. Journal of Financial Economics, 1976, 3 (4): 305 – 360.

[132] Kadan O. , Madureira L. , Wang R. , et al. Analysts' industry expertise [J]. Journal of Accounting and Economics, 2012, 54 (2): 95 – 120.

[133] Kaplan S. N. , Ruback R. S.. The valuation of cash flow forecasts: An empirical analysis [J]. The Journal of Finance, 1995, 50 (4): 1059 – 1093.

[134] Ke B. , Yu Y. The effect of issuing biased earnings forecasts on analysts' access to management and survival [J]. Journal of Accounting Research, 2006, 44 (5): 965 – 999.

[135] Kelly B. , Ljungqvist A. Testing asymmetric-information asset pricing models [J]. Review of Financial Studies, 2012, 25 (5): 1366 – 1413.

[136] Kim O. , Verrecchia R. E. The relation among disclosure, returns, and trading volume information [J]. The Accounting Review, 2001, 76 (4): 633 – 654.

[137] Kimbrough M. D.. The effect of conference calls on analyst and market underreaction to earnings announcements [J]. The Accounting Review, 2005, 80 (1): 189 – 219.

[138] Klapper L. F. , Love I. Corporate governance, investor protection, and performance in emerging markets [J]. Journal of corporate Finance, 2004, 10 (5): 703 – 728.

[139] Knyazeva D.. Corporate governance, analyst following, and firm behav-

ior ［R］. Working Paper, 2007.

[140] La Porta R. , Lopez-de – Silanes F. , Shleifer A. , et al. Investor protection and corporate governance ［J］. Journal of Financial Economics, 2000, 58 (1): 3 – 27.

[141] Lang M. H. , Lins K. V. , Miller D. P. Concentrated control, analyst following, and valuation: Do analysts matter most when investors are protected least? ［J］. Journal of Accounting Research, 2004, 42 (3): 589 – 623.

[142] Lang, M. , Lins, K. , Miller, D. ADRs, analysts, and accuracy: does cross listing in the United States improve a firm's information environment and increase market value? ［J］. Journal of Accounting Research, 2003, 41 (2): 317 – 345.

[143] Lang M. H. , Lundholm R. J. Corporate disclosure policy and analyst behavior ［J］. Accounting review, 1996: 467 – 492.

[144] Leone A. J. , Wu J. S. What Does it Take to Become a Superstar? Evidence from Institutional Investor Rankings of Financial Analysts ［J］. Social Science Electronic Publishing, 2007.

[145] Lopez T. J. , Regier P. R. , Lee T. . Identifying tax-induced earnings management around TRA 86 as a function of prior tax-aggressive behavior ［J］. The Journal of the American taxation association, 1998, 20 (2): 37.

[146] Matsunaga S. R. , Park C. W. . The Effect of Missing a Quarterly Earnings Benchmark on the CEO's Annual Bonus ［J］. Accounting Review, 2001, 76 (3): 313 – 332.

[147] McNichols, M. , O' Brien, P. Self-selection and analyst coverage ［J］. Journal of Accounting Research, 1997, 35 (2): 167 – 199.

[148] Michaely R. , Womack K. L. . Conflict of interest and the credibility of underwriter analyst recommendations ［J］. Review of financial studies, 1999, 12

(4): 653 – 686.

[149] Mikhail M. B. , Walther B. R. , Willis R. H. . Do security analysts exhibit persistent differences in stock picking ability? [J]. Journal of Financial Economics, 2004, 74 (1): 67 – 91.

[150] Mikhail M. B. , Walther B. R. , Willis R. H. . Do security analysts improve their performance with experience? [J]. Journal of Accounting Research, 1997, 35: 131 – 157.

[151] Mola S. , Guidolin M. Affiliated mutual funds and analyst optimism [J]. Journal of Financial Economics, 2009, 93 (1): 108 – 137.

[152] Mouselli S. , Jaafar A. , Hussainey K. . Accruals quality vis-à-vis disclosure quality: Substitutes or complements? [J]. The British Accounting Review, 2012, 44 (1): 36 – 46.

[153] Nutt S. R. , Easterwood J. C. , Easterwood C M. New evidence on serial correlation in analyst forecast errors [J]. Financial Management, 1999: 106 – 117.

[154] O' Brien P. C. , Bhushan R. Analyst following and institutional ownership [J]. Journal of Accounting Research, 1990: 55 – 76.

[155] O' BRIEN P. C. , McNichols M. F. , Hsiou – Wei L. Analyst impartiality and investment banking relationships [J]. Journal of Accounting Research, 2005, 43 (4): 623 – 650.

[156] O' brien P. C. Analysts' forecasts as earnings expectations [J]. Journal of accounting and Economics, 1988, 10 (1): 53 – 83.

[157] Pae J. , Yoon S. S. . Determinants of analysts' cash flow forecast accuracy [J]. Journal of Accounting, Auditing & Finance, 2012, 27 (1): 123 – 144.

[158] Pae, J. , Yoon, S, S. Do analysts who issue cash flow forecast pre-

dict more accurate earnings? [R]. Working Paper, 2007.

[159] Palmrose Z. V. Litigation and independent auditors: The role of business failures and management fraud [J]. Auditing: A Journal of Practice and Theory, 1987, 6 (2): 90 – 102.

[160] Parkash M. , Dhaliwal D. S. , Salatka W. K.. How certain firm-specific characteristics affect the accuracy and dispersion of analysts' forecasts: A latent variables approach [J]. Journal of Business Research, 1995, 34 (3): 161 – 169.

[161] Peasnell K. V. , Pope P. F. , Young S.. Board monitoring and earnings management: Do outside directors influence abnormal accruals? [J]. Journal of Business Finance & Accounting, 2005, 32 (7 – 8): 1311 – 1346.

[162] Powell M. , Ansic D.. Gender differences in risk behaviour in financial decision-making: An experimental analysis [J]. Journal of Economic Psychology, 1997, 18 (6): 605 – 628.

[163] Ramnath S. , Rock S. , Shane P. The financial analyst forecasting literature: A taxonomy with suggestions for further research [J]. International Journal of Forecasting, 2008, 24 (1): 34 – 75.

[164] Ran B. , Myring M. J. , Thomas W. B.. The Association between the Legal and Financial Reporting Environments and Forecast Performance of Individual Analysts [J]. Contemporary Accounting Research, 2005, 22 (4): 727 – 758.

[165] Richardson S. , Teoh S. H. , Wysocki P. D.. The walk – down to beatable analyst forecasts: The role of equity issuance and insider trading incentives [J]. Contemporary accounting research, 2004, 21 (4): 885 – 924.

[166] Roulstone D. T.. Analyst following and market liquidity [J]. Contemporary Accounting Research, 2003, 20 (3): 552 – 578.

[167] Ruud J. S.. Underwriter price support and the IPO underpricing puzzle

[J]. Journal of Financial Economics, 1993, 34 (2): 135 – 151.

[168] Simunic D. A.. The pricing of audit services: Theory and evidence [J]. Journal of accounting research, 1980: 161 – 190.

[169] Stickel S. E.. Reputation and performance among security analysts [J]. The Journal of Finance, 1992, 47 (5): 1811 – 1836.

[170] Ramnath S., Rock S., Shane P.. The financial analyst forecasting literature: A taxonomy with suggestions for further research [J]. International Journal of Forecasting, 2008, 24 (1): 34 – 75.

[171] Yu F. F.. Analyst coverage and earnings management [J]. Journal of Financial Economics, 2008, 88 (2): 245 – 271.

[172] Yu M. Analyst following and corporate governance: emerging-market evidence [J]. Accounting Research Journal, 2010, 23 (1): 69 – 93.

[173] Zeff S. A., Fossum R. L.. An analysis of large audit clients [J]. The Accounting Review, 1967, 42 (2): 298 – 320.